Som-hi!

Montserrat

Grand Tour von

Katalonien

Geheimtipps von Freunden

Dein Reisebegleiter von Nicole Biarnés
zu wunderschönen Bergdörfern, verwunschenen
Klöstern und Ruinen, versteckten Buchten und
idyllischen Bergseen

REISEDEPESCHEN

HERZLICH WILLKOMMEN

Benvinguts

Wenn Goethe damals nicht nach Italien gefahren wäre, sondern sich in Richtung Iberische Halbinsel auf den Weg gemacht hätte – was hätte er wohl über die Landschaften jenseits der Pyrenäen erzählt?

Welche historischen Stätten hätte er sich in Katalonien angesehen? Was hätte er über die Menschen, ihre Bräuche und Traditionen geschrieben? Die Bildungsreise des großen deutschen Dichters dauerte damals fast zwei Jahre. So viel Zeit haben heute nur die wenigsten. Doch auch mit ein paar Wochen Urlaub kann man aufmerksam reisen und unterwegs Land und Leute kennenlernen. Dieses Buch ist ein Slow-Travel-Ratgeber für Katalonien. Denn Katalonien ist mehr als Barcelona, Strand und schöne Küsten. Das Meer ist traumhaft und auch Barcelona ist immer eine Reise wert, keine Frage. Aber es gibt auch Berge und Seen, Wälder und Schluchten, Nah-, Fern- und Radwanderwege. Um Katalonien richtig kennenzulernen, lohnt es sich, einen Blick in die hintersten Ecken und Winkel zu werfen.
In diesem Buch möchte ich dich auf eine Rundfahrt durch die katalanischen Provinzen mitnehmen. In fünf ganz unterschiedlichen Etappen führe ich dich in versteckte Winkel und zeige dir Landschaften, die dich zum Staunen bringen werden. Vielleicht hörst du auf dieser Entdeckungstour Geschichten, die du hier nicht erwartet hättest, triffst Einheimische und lernst diesen kleinen Flecken der Welt so kennen, wie ich ihn sehe: authentisch, liebenswert und voller Überraschungen.
Benvingut i benvinguda in Katalonien!

Gola del Ter an der Costa Brava

INHALT

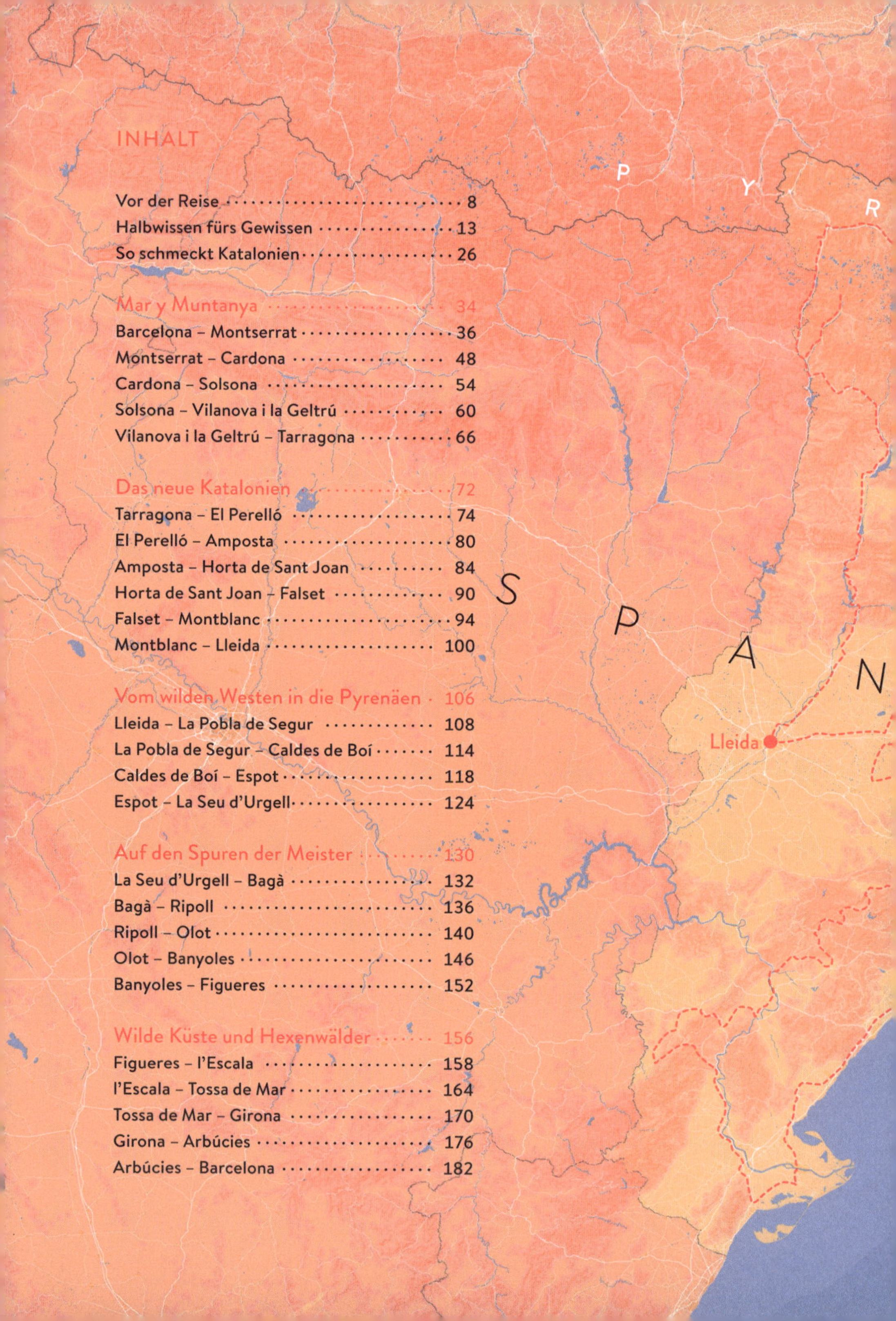

Die häufigsten katalanischen Begriffe in diesem Buch:

Camí: Weg
Palau: Palast
Carrer: Straße
Monestir: Kloster
Granja: Hof, Bauernhof
Masia: altes Landhaus
Comarca: traditionelle Bezeichnung für eine Region
Cala: Bucht
Platja: Strand
Plaça: Platz
Església: Kirche
Castell: Burg
Ermita: Einsiedelei
Far: Leuchtturm

Congost de Mont-rebei

Willkommen in Katalonien

Tot l'any – Katalonien, das ganze Jahr

Die Landschaften sind im Sommer eher trocken, im Winter grün oder gar schneebedeckt. Den katalanischen Valentinstag begeht man im April, am Tag des Sant Jordi, mit Rosen und Büchern. Im Frühling tauchen die Blüten der Obstbäume weite Landstriche in zarte Pastellfarben, während bei den ausgelassenen Festen im Sommer das ganze Dorf auf den Beinen ist. Wenn es im Herbst wieder ruhiger wird, sucht man in den gelb bis rostrot leuchtenden Wäldern nach frischen Pilzen und feiert am 31. Oktober die Castanyada, ein gemütliches Kastanienfest. Zu Weihnachten geht es in Katalonien fröhlich zu. Man wünscht sich Bon Nadal und feiert mit ganz speziellen Bräuchen bis zum 6. Januar, der Tag, an dem die Heiligen drei Könige den Kleinen endlich die heiß ersehnten Geschenke bringen.

Wie teuer ist Katalonien?

In Katalonien herrscht ein ähnliches Preisniveau wie in Deutschland oder Österreich. Generell gilt, je weiter man sich von Barcelona und der Grenze zu Frankreich entfernt, umso günstiger wird es. Dort, wo viele ausländische Reisende hinkommen, zahlt man in der Regel mehr, als in einem abgeschiedenen Dorf, das nur die Einheimischen kennen. Als Faustregel gilt, je mehr Menschen, umso höher die Preise. Ein Bier in der Hochsaison am Strand ist teurer als eines im Herbst in den Bergen.

Wie komme ich hin und herum?

Flugzeug

Es gibt drei* Flughäfen in Katalonien: der kleine Flughafen in Reus, der Flughafen Girona, von dem vorwiegend Ryanair startet, und der Flughafen Josep Tarradellas Barcelona-El Prat bei Barcelona, der erst 2019 umbenannt wurde. Am Flughafen in Barcelona gibt es zahlreiche Möglichkeiten, mit dem Bus oder der Bahn weiterzureisen und ein Auto zu mieten.

*Genau genommen gibt es vier, aber der kleine Aeroport Lleida-Alguaire wird international nicht genutzt.

Tipp zum Campervan mieten: Hier unbedingt im Mietvertrag darauf achten, welche Versicherungen inbegriffen sind und wo genau die Abholung stattfinden soll – einige Anbieter stellen einen Transferservice vom Flughafen zum Abholort.

Nora und Ronan von activans.com vermieten Campervans mit Bio-Klo und extraviel Platz für Surfbretter oder Bikes. Auf Wunsch bringen sie die fertig ausgestatteten Vans mit Geschirr, Handtüchern und biologisch abbaubarem Duschzeug auch zum Flughafen.

Bahn

Die vier Provinzhauptstädte Barcelona, Tarragona, Lleida und Girona sind nicht nur mit regionalen Bahnen der RENFE, sondern auch mit den Schnellzügen AVE verbunden. Von den Bahnhöfen aus erreicht man mit regionalen Bahnen viele andere Dörfer und Städte.

renfe.com/es/en

Bus

In einigen Regionen, wie an an der Costa Brava, sind viele kleine Dörfer nur mit Bussen zu erreichen. Je ländlicher es wird, umso schwieriger ist es, mit den öffentlichen Verkehrsmitteln hinzukommen. Es gibt diverse Gegenden, die man kaum mit Bus oder Bahn erreicht. Off the beaten path geht nur mit Auto, zu Fuß oder Fahrrad.

Informationen zu den Bussen des öffentlichen Verkehrs: mou-te.gencat.cat/itinerary

Vorwiegend in der Provinz Girona gibt es auch Ski- und Fahrrad-Busse: teisa-bus.com

Fernbusse: alsa.com/de/web/bus/fernbusse/katalonien

Hauptsächlich zwischen Küste und Barcelona: moventis.es/es

In der Furgoneta durch Katalonien

Peatges

Seit dem 1. September 2021 sind fast alle Autobahngebühren (Peatge) in Katalonien weggefallen. Lediglich ein paar Strecken, vorwiegend Tunnel, sind noch gebührenpflichtig: auf der C-16 (Túnels de Vallvidrera, Túnel del Cadí und ein Stück im Bages) sowie auf der C-32 (Túnels del Garraf, zwischen Castelldefels und el Vendrell). Bezahlt wird auf der jeweils entsprechend gekennzeichneten Spur entweder mit den gängigen Kreditkarten oder in bar.

Als Furgoneta bzw. Furgo bezeichnete man ursprünglich einen kleinen Lieferwagen. Heute meint man damit auch Campervans mit ähnlichen Ausmaßen. Ein wesentlich größeres Wohnmobil ist hingegen eine Autocaravana.

Tanken

Tankstellen gibt es auch in den kleinsten Bergdörfern. Im Gegensatz zu Frankreich sind die gasolineres auch an den Wochenenden geöffnet. Bezahlt wird mit Bargeld (en efectiu) oder mit den üblichen Kreditkarten (amb targeta). Die Benzinpreise sind in der Regel etwas günstiger als in Deutschland oder Frankreich. An den Diesel-Zapfsäulen ist meist nicht Diesel, sondern Gasoil ausgeschildert. Gasoil (Diesel) und Gasolina (Benzin) also nicht verwechseln!

Ladestationen

für E-Autos (estacions de recàrrega) gibt es zwar in Barcelona (177 Stück), sobald man die Stadt verlässt, wird das Angebot allerdings mager. In Mataró (Maresme) gibt es 12, in Reus (Tarragona) 11, in Girona und Lleida 5 und in Tarragona nur 3 Ladestationen. Viele kleine Gemeinden haben eine einzige oder gar keine Ladestation.

Ladestationen für E-Autos werden immer weiter ausgebaut, den aktuellen Stand kann man hier checken: xarxarecarrega.icaen.gencat.cat/ICAEN

Welche Regeln gelten?

In der Regel kann man mit einem Camper überall dort halten und übernachten, wo auch PKWs regulär parken dürfen – es sei denn, es ist durch ein Schild ausdrücklich verboten. Normalerweise ist das Übernachten im Camper auf Parkplätzen kein Problem. Dort, wo man regulär parken kann, darf man auch in seinem Bus oder Van schlafen, aber nicht campen. Zum Campen gehört das Öffnen von Fenstern oder Türen, das Aufstellen von Stühlen oder natürlich Kochen. Soweit möglich, ist es daher empfehlenswert, zum Übernachten ausgewiesene Stellplätze aufzusuchen. Die meisten sind kostenlos und oft gibt es dort (Ab)wasser- und Stromversorgung. Stellplätze auf Campingplätzen sind zwar teurer, haben dafür aber garantiert Ver- und Entsorgungsstellen für Wasser, Stromanschluss sowie Dusch- und Einkaufsmöglichkeiten.

Wild campen – Nein danke!

In Naturparks ist es strikt verboten zu campen oder sich mit dem Auto zum Schlafen irgendwo in die Natur zu stellen. Das kann bis zu 6000 Euro Strafe kosten. Gerade in einem Naturpark oder einer geschützten Landschaft, von denen es in Katalonien sehr viele gibt, kann man ungewollt großen Schaden anrichten. Selbst wenn man meint, keine Spuren zu hinterlassen, wird das empfindliche Gleichgewicht der Natur gestört. Also nur da parken, wo es erlaubt ist und zu Fuß oder mit dem Rad die Landschaft genießen.

Pfirsichblüte bei Lleida

Halbwissen fürs Gewissen

Was ist Katalonien?

Katalonien ist fleißig, trotzig, stolz und stur und – für mich – einer der schönsten Flecken der Welt. Obwohl ich viel gereist bin, finde ich die zerklüfteten Buchten, die grünen Berge und die malerischen Dörfer immer wieder wunderschön. Die auf den ersten Blick manchmal grummelig wirkenden Menschen habe ich schätzen und lieben gelernt. Ich bewundere ihre große Naturverbundenheit und die traditionelle, katalanische Küche. Kaum irgendwo sonst kann man die Landschaft so gut schmecken wie in Katalonien. Weine, Obst, Gemüse, Fisch und Meeresfrüchte kommen stets aus der Umgebung. Vermutlich geht Liebe hier wirklich durch den Magen, denn fast ständig gibt es einen Grund, gemeinsam zu essen und zu feiern. Problemen begegnet man fast schon stoisch mit guter Laune und man lässt sich von den Schwierigkeiten des Lebens nicht so leicht unterkriegen.

Die Geschichte eines unbeugsamen Volkes

Ab ungefähr 800 n. Chr. entsteht unter der Regierung des Grafen von Barcelona, Wilfried des Haarigen, und seiner Nachfolger Katalonien als eigenständiges Reich. Im 12. Jahrhundert schließt man sich mit dem benachbarten Königreich Aragón zusammen. Von nun an sind die Grafen von Barcelona auch die Könige von Aragón. Katalonien erobert als aufstrebende Seemacht weite Teile des Mittelmeers, den Süden Frankreichs, Teile Italiens und dehnt sich bis nach Griechenland aus. Als 1410 König Martin der Humane ohne überlebenden Nachkommen stirbt, wechselt die Thronfolge nach Aragón. Dort orientieren sich die Herrscher am Nachbarreich Kastilien.

Am Ende des Spanischen Erbfolgeskriegs (1701 bis 1714) steht die blutige Niederlage Barcelonas. König Felipe V. zentralisiert das spanische Reich und Katalonien verliert seine Selbstverwaltung. Katalanische Institutionen werden aufgehoben, Universitäten geschlossen, die katalanische Sprache verboten.

1931 befindet sich Spanien im Übergang von einer Monarchie zur Republik. Innerhalb der geplanten Iberischen Föderation wird Katalonien als Teilrepublik ausgerufen. Als es schließlich doch nicht zur Bildung der Federació Iberica kommt, gliedert sich Katalonien in die neue Spanische Republik ein. 1936 kommt General Franco durch einen Militärputsch an die Macht. Daraus resultiert der Spanische Bürgerkrieg (1936 bis 1939), in dem die republikanischen Kräfte im Land vernichtet werden – durch tatkräftige Mithilfe von Hitler und Mussolini. Ab 1939 ist Franco, der sogenannte Generalísimo, alleiniger Machthaber. Der Diktator lässt erbarmungslos alle Anzeichen regionaler Identitäten verfolgen. Sprache, Bräuche und Feste werden unter Androhung von Gefängnisstrafe verboten.

Schon im Mittelalter hatten sich reiche Bürger, Händler und Adelige in Barcelona ein Mitspracherecht in Regierungsangelegenheiten erwirkt. Ein absolutistischer Monarch wie in Kastilien kam in Katalonien nicht in Frage. Im 13. Jahrhundert entstand hier ein Vorläufer der heutigen Parlamente, der Consell de Cent. Dieser „Rat der Hundert“ tagte bis 1714.

Katalanischer Nationalfeiertag ist der 11. September. Die Katalanen gedenken an diesem Tag dem Fall Barcelonas 1714. Mit dieser Niederlage war es mit der katalanischen Unabhängigkeit vorbei.

Nach dem Tod Francos und dem Ende der Diktatur wird 1978 eine neue spanische Verfassung verabschiedet, ein Jahr später tritt das Autonomiestatut von Katalonien in Kraft.
2005 soll das Autonomiestatut, das die Rechte der katalanischen Landesregierung regelt, erneuert werden, da bei der Verfassung von 1978 ehemalige Mitglieder des faschistischen Franco-Regimes beteiligt waren. Katalonien soll weitgehende Autonomie hinsichtlich Verkehr, Verwaltung, Bildung und Gesundheitswesen erhalten und wird in der Präambel als „Nation" bezeichnet. Das Statut wird vom Parlament erlassen und vom König unterzeichnet. Es tritt 2006 in Kraft. Doch die Partei Partido Popular reicht beim spanischen Verfassungsgericht Klage ein. Nach vierjähriger Beratung verkündet das Gericht 2010 das Urteil: 14 Artikel werden als verfassungswidrig angesehen. Es kommt zu großer Empörung bei der katalanischen Bevölkerung. Unter der Parole *Som una nació. Nosaltres decidim!* (Wir sind eine Nation. Wir entscheiden!) findet eine Kundgebung in Barcelona statt, zu der über eine Million Menschen auf die Straße gehen.
Ganz Spanien leidet seit 2008 unter der schweren Wirtschaftskrise, Korruptionsskandale häufen sich, eine große Unzufriedenheit gegenüber der Regierung in Madrid ist die Folge. Politische Unzufriedenheit mischt sich in Katalonien mit dem Streben nach Unabhängigkeit. Katalanische Politiker greifen diese Stimmung auf und versuchen, sie in Wählerstimmen umzuwandeln. Kulturelle Unterschiede werden immer stärker als trennendes Merkmal zwischen Katalanen und Spaniern hervorgehoben. Die wirtschaftliche Stärke Kataloniens, das die ärmeren Regionen Spaniens durch Steuerabgaben mitfinanziert, wird als weiteres Argument für eine eigenständige Nation genutzt. Am 11. September 2013 findet eine friedliche Massendemonstration statt: Mit einer rund 400 Kilometer langen Menschenkette fordern Hunderttausende die katalanische Selbstständigkeit.

In der jungen spanischen Demokratie vereinigen sich viele ehemalige Mitglieder der Falange Francos in neu gegründeten Parteien wie der rechtskonservativen Alianza Popular, die später in Partido Popular (PP) umbenannt wird.

2015 werden Neuwahlen für das katalanische Parlament angesetzt, es treten konservative und linke Parteien erstmals für eine gemeinsame Kandidatur unter dem Namen Junts pel Sí (Zusammen für das Ja) an. Ihr zentrales Wahlversprechen ist die Durchführung eines Unabhängigkeitsreferendums binnen 18 Monaten. Mit 47,8% gewinnen sie die Wahl und verabschieden eine Resolution für das Referendum. Obwohl das spanische Verfassungsgericht diese Resolution für verfassungswidrig erklärt, wird das Referendum vom katalanischen Parlament für den 1. Oktober 2017 angesetzt. Madrid erachtet nicht nur die Vorbereitung und Durchführung, sondern auch die Teilnahme am Referendum als illegal und droht mit schweren Strafen. Durch den Widerstand aus Madrid und die teils aggressive Vorgehensweise der Guardia Civil, einer spanischen Polizeieinheit, wird die katalanische Unabhängigkeitsbewegung zusätzlich befeuert.

Das Abstimmungsergebnis befürwortet mit 90% die Unabhängigkeit, doch die Zahlen sind aufgrund massiver Behinderungen des Referendums nur schwer nachprüfbar. Viele Menschen ließen sich von groben Polizeieingriffen und Drohungen der Regierung abschrecken und verzichteten darauf, ihre Stimme abzugeben. Wahlurnen wurden konfisziert. Ende Oktober kommt es in Barcelona für wenige Sekunden zur Ausrufung einer unabhängigen Republik Katalonien. Obwohl sie umgehend zurückgenommen wird, führt die Aktion zur sofortigen Entmachtung der katalanischen Regierung durch Madrid.

Der damalige Ministerpräsident Mariano Rajoy lässt einen Großteil der katalanischen Landesregierung verhaften, der Präsident der Autonomen Region Katalonien Carles Puigdemont und einige andere fliehen ins Ausland. Kurzfristig wird Puigdemont 2018 in Schleswig Holstein festgenommen und wieder freigelassen. In Madrid löst der Sozialist Pedro Sanchez 2018 Mariano Rajoy ab. Pere Aragonès wird 2021 zum neuen Präsidenten

Als Gegenentwurf zum schwarzen Stier, der Spanien symbolisiert, zeigen die Katalanen die Silhouette eines Esels. Sie prangt als Aufkleber auf vielen Autos und ist nicht nur Deko, sondern ein politisches Statement. Die Katalanen identifizieren sich mit den typischen Eigenschaften des Grautiers. Beide gelten als störrisch und trotzig, aber auch als stark und sehr belastbar.

der Generalitat gewählt. Im selben Jahr werden die seit 2017 inhaftierten Politikerinnen und Politiker auf freien Fuß gesetzt. Neue Akteure auf der politischen Bühne versuchen sich in Schadensbegrenzung und einer mehr als notwendigen Aufarbeitung der Geschichte – in ganz Spanien.

Die katalanische Sprache

Katalanisch ist eine der offiziellen regionalen Amtssprachen Spaniens. Die meisten Menschen in Katalonien sind zweisprachig und beherrschen sowohl Spanisch als auch Katalanisch. Jeder Katalane spricht auch Spanisch, aber nicht jeder in Katalonien lebende Spanier spricht Katalanisch.
Katalanisch ist kein Dialekt des Spanischen, sondern eine eigene Sprache. Beide sind miteinander ungefähr so verwandt wie Deutsch und Niederländisch. Im Mittelalter war Katalanisch eine im Mittelmeerraum verbreitete Sprache. Erst mit der Entstehung Spaniens als Hauptmacht der Iberischen Halbinsel wurde Kastilisch, die Sprache, die man am königlichen Hofe in

KATALANISCH FÜR ANFÄNGER

Das Du ist die allgemeine Form der Anrede, die praktisch für jeden gilt. Neben dem König und der Polizei werden nur sehr alte Menschen (über 80 Jahre) respektvoll mit Sie angesprochen.

Hallo – **Hola** *(olla)*

Tschüss – **Adéu** *(ade-u)*

Guten Tag – **Bon dia!** *(bonn dia)*

Bitte – **si us plau** *(ßiusplau)*

Danke – **gràcies** *(grassias)* oder **merci** *(mit Betonung auf dem e, wie in der Schweiz)*

Entschuldigung – **perdó** oder **perdoni** *(pardoh /pardonni)*

Ich verstehe dich nicht – **no t'entenc** *(no t'antänk)*

Wer ist der Letzte? – **Qui es l'últim** *(ki äs lultimm)*

Ich – **Jo** *(jo)*

vegetarisch – **vegetarià** *(weschetariaaa)*

vegan – **vegà** *(wegaa)*

ohne Fisch, ohne Fleisch, ohne Eier – **sense peix, sense carn, sense ous** *(sänsa päsch, sänsa karn, sänsa ous)*

Madrid sprach, zur einzig erlaubten Sprache. Da Spanien ländlich geprägt war und ein Großteil der Bevölkerung in abgelegenen Dörfern lebte, blieben regionale Sprachen wie Baskisch, Katalanisch oder Galizisch trotz diverser Verbote über die Jahrhunderte hinweg erhalten. Die Mehrzahl der Menschen lebte weit vom Zentrum der Macht entfernt und hielt an althergebrachten Bräuchen und Sprachen fest. Nachdem General Franco im Spanischen Bürgerkrieg die Macht im Land an sich gerissen hatte, war es unter Strafe verboten, Katalanisch oder eine der anderen Regionalsprachen zu verwenden. Erst nach dem Tod des Diktators 1975 setzte mit dem Beginn der Demokratie und der Verabschiedung des Autonomiestatuts in den 1980er Jahren langsam ein Prozess der sprachlichen Normalisierung ein. Katalanisch wurde Unterrichtssprache in den Schulen, fand Einzug auf Straßenschildern, Speisekarten, Zeitungen und in den Nachrichten. Heute hat jeder Katalane das Recht, seine Sprache nicht nur im Alltag, sondern auch bei amtlichen Anlässen und in den Medien zu gebrauchen.

So ticken die Katalanen

Höflichkeit

Auf die Frage „Que tal?“ lautet die einzig mögliche Antwort „Molt bé!“, also sehr gut. Auf der Straße schüttet man anderen nicht einfach sein Herz aus. Kummer behält man in der Regel für sich und erwähnt höchstens im persönlichen Familienkreis, wenn etwas nicht optimal läuft. Wenn man irgendwo eingeladen ist, wird man stets gefragt, ob man etwas trinken möchte. Selbst wenn man klar und deutlich ablehnt, wird man noch ein zweites und drittes Mal gefragt. Das gehört zum guten Ton. Dementsprechend nimmt man auch nicht sofort etwas zu trinken an, sondern erst, wenn wirklich insistiert wird – egal, wie durstig man ist.

Pünktlich – Zeit ist relativ

Katalanen kommen zu einer Verabredung häufig zu spät – eine halbe Stunde gilt noch als pünktlich. Viele Menschen empfinden Pünktlichkeit sogar als unhöflich und interpretieren überpünktliches Erscheinen als hektisch oder gierig. Wer etwas auf sich hält, nimmt sich die Zeit, die er braucht. Man übereilt nichts und bleibt immer schön souverän.

Seny und Rauxa

Es gibt zwei Begriffe, die die katalanische Seele angeblich besser beschreiben, als jeder Roman: seny und rauxa. Seny bezeichnet so etwas wie den gesunden Menschenverstand. Es meint kühle Vernunft und eine gewisse Bodenständigkeit. Seny ist der Ausdruck des recht nüchternen katalanischen Sinns für eine pragmatische Ordnung und gehört zu einer eher konservativen Wahrnehmung der Welt. Neue Entwicklungen oder Ideen werden zuerst misstrauisch betrachtet. Seny erklärt den Sinn der Katalanen für das Praktische und ihr zurückhaltendes, gemäßigtes Auftreten in der Öffentlichkeit. Doch es gibt noch eine andere Seite. Rauxa ist das genaue Gegenteil von seny. Selten kommt diese Eigenschaft ans Licht, doch wenn sie hervorbricht, ist sie oft nicht mehr zu kontrollieren. Dann überkommt den sonst so vernünftigen Katalanen eine verrückte Leidenschaft. Diese unvernünftigen, emotionalen Ausbrüche zeigen sich am deutlichsten in den Festen und Traditionen. Risikofreudig klettern die Katalanen in mehreren Etagen auf die wackeligen Schultern ihrer Mitmenschen, führen ungezügelte Tänze im Feuerregen auf oder knallen in scheinbar völlig unkontrollierter Lautstärke bei den Mittsommerfesten. Mit seny und rauxa, diesen auf den ersten Blick widersprüchlich wirkenden Eigenschaften, identifizieren sich viele Menschen vom Ebrodelta bis in die Pyrenäen.

Bezahlen und Trinkgeld

Wenn Katalanen gemeinsam essen gehen, wird die Rechnung in der Regel durch die Zahl der Teilnehmer geteilt – egal, was der Einzelne bestellt hat. Gemeinsam isst man von den Tellern, die in die Mitte gestellt werden. Trinkgeld ist unter Einheimischen weniger üblich. Von Touristen sind die Kellner jedoch anderes gewohnt und freuen sich sehr über ein paar Euro extra. In Deutschland ist es üblich, den Rechnungsbetrag aufzurunden. Das funktioniert hier meist nicht. Kellner geben jeden Cent Wechselgeld raus. Statt sich umständlich zu erklären, ist es einfacher, etwas Kleingeld als Dankeschön auf dem Tisch liegen zu lassen.

Ordnung im Chaos

Es gibt ein ungeschriebenes Gesetz beim Schlangestehen. Sobald man einen Laden betritt, fragt man „Qui es l'últim?“, wer ist der oder die Letzte? So muss man sich nur ein Gesicht merken und weiß, dass man selbst nach der Person dran ist, die sich gemeldet hat. Betritt noch jemand den Laden und stellt dieselbe Frage, bist du dran zu antworten oder einfach kurz die Hand zu heben. So merkt sich jeder jeweils nur die letzte Person und alle können scheinbar wild durcheinander stehen. Kompliziert wird es nur, wenn jemand vorzeitig die Schlange verlässt. Normalerweise gibt der Ausbrecher demjenigen, der nach ihm an der Reihe ist, ein entsprechendes Zeichen, damit sich die nachrückende Person ein neues Gesicht merken kann.

Kleidung

Katalanen und Spanier legen grundsätzlich großen Wert auf gepflegtes Aussehen, gebügelte Kleidung und den wöchentlichen Friseurbesuch. Auch wenn die junge Generation das Thema Kleidung sehr viel lockerer angeht, würden einheimische Jugendliche niemals in Badeklamotten durch die Stadt laufen, im Bikini oder gar mit freiem Oberkörper im Restaurant erscheinen. Badekleidung trägt man ausschließlich am Strand.

Festa Major

Im Sommer kommt die Zeit der großen Dorffeste zu Ehren der Schutzheiligen. Dann feiert der ganze Ort mehrere Tage lang, lässt die Riesen (gegants) und Teufel (diables) tanzen, baut Menschentürme (castells) und veranstaltet Feuerläufe und Umzüge. Oft werden auf einem Platz oder in einer Straße Tische und Stühle aufgebaut, um gemeinsam mit der ganzen Dorfgemeinschaft zu essen. Und wenn sich Alt und Jung, Männer und Frauen im Kreis aufstellen und sich die Hände geben, um eine traditionelle Sardana zu tanzen, dann schlagen die katalanischen Herzen im Takt.

Durchgeknallt: So feiern die Katalanen

Die Katalanen lieben das Spiel mit dem Feuer. Sie mögen es, wenn es laut knallt und brennt. Egal, ob es lodernde Feuer am Strand oder brennende Baumstämme sind, die sie durch die Berge und Täler tragen. Feuer gehört zu jedem anständigen Fest dazu. Manchmal sind es wilde, feuerspeiende Bestien, manchmal sind es im Funkenregen tanzende Teufel. Besonders bei den traditionellen Dorffesten, die heute meist in den Sommermonaten stattfinden, kann man aufregende Überraschungen erleben. Morgens um sieben wecken die trabucaires mit ihren alten Donnerbüchsen die Bewohner mit einem ohrenbetäubenden Lärm und locken alle aus den Federn. Später am Tag laufen und tanzen die diables in dicke Kleidungsschichten verpackt, Knaller und Feuerwerkskörper zündend, durch die Straßen. Die castellers bauen meterhohe Menschentürme und wieder andere laufen auf Stelzen oder stülpen sich riesige Monster aus Pappmaschee über den Kopf. Erst im Winter wird es ruhiger, aber von einem besinnlichen Weihnachtsfest ist man hier weit entfernt. Weihnachtslieder sind laut und lustig und in Katalonien kommt selbst zum Fest der Liebe noch der fäkale Humor durch: Die Geschenke bringt hier ein kackender Holzscheit, der von Kindern so lange geschlagen wird, bis er Süßigkeiten von sich gibt und die Erwachsenen stellen sich eine Häuflein-machende Hirtenfigur neben Maria und Josef in die Weihnachtskrippe.

Gegants und Capgrossos
Gegants sind Riesen, capgrossos sind Dickköpfe – gigantische Pappmachéfiguren, die bei lauten und lustigen Umzügen durch die Straßen getragen werden. Jedes Dorf hat mindestens ein Paar der Riesen und jede Menge Dickköpfe. In feierlichen Prozessionen tanzen die großen und kleinen Figuren bei der Festa durch den Ort. Erstmals tauchten sie im Mittelalter als Begleitung der Fronleichnamsprozessionen auf. Bald schon entwickelten sie sich zu fröhlichen Figuren und wurden ein wichtiger Bestandteil aller Dorffeste.

Tanz der Teufel
Wenn man sich im Sommer plötzlich mitten in einer Gruppe Vermummter wiederfindet, dann ist das sehr wahrscheinlich ein correfoc oder ein ball de diables. Sobald Trommelwirbel ertönen, geht das Spektakel los. Die als Teufel verkleideten Tänzer schwingen im Rhythmus Feuerwerkskörper aller Art. Feuer und Funken sprühen wild durch die Gegend. Es ist laut und auch nicht ganz ungefährlich, aber sehr beeindruckend. Diese Höllentänze stammen aus dem Mittelalter und stellten ursprünglich den Kampf des Guten gegen das Böse dar.

Castells
Eine sehr wacklige Angelegenheit sind die Menschenpyramiden, die die Katalanen gleich in mehreren Stockwerken bauen. Sie sind ein Symbol für Stärke, Ausgeglichenheit, Mut und Vernunft. Jedes Mitglied hat eine feste Aufgabe innerhalb der Gruppe. Die Stärksten kommen nach unten, die Leichtesten stehen ganz oben. Ganz wichtig ist die pinya. Das sind diejenigen, die um die Pyramide herumstehen. Sie müssen helfen, das Castell zu stützen, damit es fest und sicher ist. In unglaublicher Geschwindigkeit wird der Turm aufgebaut. Es gilt erst dann als geschafft, wenn der kleinste Kletterer ganz oben angekommen ist und einmal kurz die Hand gehoben hat. Dann wird alles wieder abgebaut – schnell, aber geordnet.

Sardana, der Kreistanz
Für die Katalanen ist die Sardana viel mehr als nur ein Tanz. Es ist ein Ausdruck ihrer kulturellen Identität. Sobald die Musik der Cobla, der volkstümlichen Sardana-Band mit ihren traditionellen Instrumenten, ertönt, stellen sich die Menschen im Kreis auf. Frau und Mann, kleine Kinder und Senioren, alle machen mit. Schnell werden Handtaschen und Rucksäcke in die Mitte gestellt, dann schreiten alle tanzend im Kreis. Auch Nachkommende können sich gern einreihen. Wichtig ist nur, dass Mann und Frau nach Möglichkeit abwechselnd nebeneinander stehen.

TRADITIONELLE FESTE – MAL GANZ ANDERS

Carnestoltes (Karneval) feiert man in Sitges ähnlich wie in Rio de Janeiro mit Federboas und prachtvollen Kostümen. In Solsona hingegen tanzen die gegants durch die Straßen.

Ostern beginnt für die Katalanen am Palmsonntag, wenn die Kinder sich mit ihren mit Süßigkeiten geschmückten Palmwedeln vor der Kirche versammeln. Am Ostersonntag gibt es dann einen besonderen Osterkuchen, die Mona de Pasqua. In Verges feiert man die Passionsgeschichte sogar mit einem uralten Tanz: La Dansa de la Mort.

Weihnachten feiert man in Katalonien traditionell mit dem caga-tió, einem Geschenke ausscheidenden Holzscheit, dem caganer, einer Häuflein-machenden Krippenfigur und den pessebres vivents, den lebendigen Krippen. Höhepunkt der Feiertage, und von den Kindern sehnlichst erwartet, ist die Ankunft der Heiligen Drei Könige. Am Abend des 5. Januar ziehen sie in prachtvollen Umzügen feierlich durch die Städte und Dörfer.

Statt zu böllern, feiert man **Silvester** hier wie in ganz Spanien mit 12 Weintrauben, die pünktlich mit den 12 Glockenschlägen gegessen werden müssen, damit das neue Jahr gut wird.

BESONDERE FESTE

Am 17. Januar, zu **Tres Tombs**, füllen sich die Plätze vor den Kirchen Kataloniens mit Vierbeinern, die dort zu Ehren des Schutzheiligen der Haustiere, San Antonio Abad, unterwegs sind, um gesegnet zu werden.

Viel besser als Valentinstag ist la **Diada de Sant Jordi**. Am 23. April feiert Katalonien den Tag des Drachentöters, der die schöne Prinzessin gerettet hat. Nicht nur Verliebte schenken sich an diesem Tag Rosen und Bücher.

Palafrugell läutet den Frühling mit **Flors i violes** im April/Mai ein – einem bunten Fest mit Musik, Tanz, Blumen und fröhlichem Umzug durch die Straßen.

Während der **Temps de Flor** im Mai verwandeln sich alle Brücken, Kirchen und wichtigen Gebäude Gironas ein paar Tage lang in ein Meer aus kunstvollen Blumenarrangements.

Die **Verbena de Sant Joan**, den Vorabend des Johannistages, feiert man am 23. Juni mit ohrenbetäubenden Knallern, Feuerwerk und Lagerfeuern am Strand. Der eigentliche Feiertag ist der 24. Juni.

Eine besondere Art des Mittsommernachtsfestes wird in den Dörfern der Pyrenäen gefeiert, wenn die Menschen wie bei den **Falles d'Isil** mit brennenden Baumstämmen auf den Schultern einen steilen Berg hinunterlaufen.

L'ou com balla: In Barcelona und einigen anderen Städten Kataloniens begeht man Corpus Christi, Fronleichnam, mit einem Ei, das auf dem springenden Wasser eines blumengeschmückten Brunnens tanzen muss (in Barcelona zum Beispiel in der Kathedrale oder im Museu Marès).

Im Juni feiert der kleine Ort Berga eines der bekanntesten Feste Kataloniens: **La Patum** wurde sogar von der UNESCO als Weltkulturerbe anerkannt. Höhepunkt der mehrere Tage andauernden Feiern ist der Tanz des Adlers, l'Àliga de Berga, der feierlich-getragen beginnt und ausgelassen endet.

Bei der **Cantada d'Havaneres** in Calella de Palafrugell erklingen am ersten Wochenende im Juli sehnsuchtsvolle Seemannslieder in den Buchten, die sich dann mit kleinen und großen Booten füllen.

Anfang Juli feiert man in Pobla de Segur **la Diada dels Raiers**, ein Flößerfest, das an die Tradition der Flößer in den Pyrenäen erinnert.

Ende Juli füllt sich bei der **S'amora amorra** das Meer vor Lloret de Mar mit kleinen Fischerbooten, die in einer Regatta-Prozession eine Madonnenstatue in die kleine Kirche Santa Cristina begleiten.

Ganz in Weiß gekleidet feiert Begur bei der **Fira d'indians** die aus Kuba zurückgekehrten Katalanen mit einem Fest in karibischem Ambiente am ersten Wochenende im September.

Mit dem mittelalterlichen Festival **Terra de Trobadors** im September lässt das Städtchen Castelló d'Empúries die glanzvolle Zeit der Troubadoure, Minnesänger und Gaukler wieder aufleben.

Ende September erobern bei der **Fira de Pirates i Corsaris** wilde Piraten die Illes Medes vor Toroella de Montgrí.

Der 24. September ist der Tag der Schutzheiligen Barcelonas, **La Mercè**, der mit vielen kulturellen Veranstaltungen gefeiert wird.

Im Herbst feiert Lleida die **Moros und Cristians**, die beiden Kulturen, die die Stadt prägten. Bei der nachgespielten Eroberung der Stadt gewinnen Mauren und Christen abwechselnd.

Am 31. Oktober feiert Katalonien das Kastanienfest. Zur **Castanyada** werden nicht nur Kastanien, sondern auch die leckeren Panellets, ein spezielles Gebäck aus Mandeln, gegessen und der süße Wein Moscatel getrunken.

Ball de Bruixes: In Gedenken und zur Ehrung der während der Hexenverfolgungen verbrannten Frauen tanzen in den Wäldern des Montseny am 31. Oktober in Viladrau Hexen ums Feuer.

Bei der populären **Tirada a l'Art** in Lloret de Mar packen im Winter alle mit an, um die Fischernetze auf die traditionelle Art, nämlich per Hand, an Land zu ziehen. Anschließend wird am Strand gemeinsam gegessen und getrunken (wechselnde Daten).

Calçotada – im Winter werden die länglichen Zwiebeln gegrillt

La cuina es el paisatge posat a la cassola.

Die Küche ist die Landschaft im Kochtopf.

Josep Pla

So schmeckt Katalonien

Essen hat in Katalonien eine zentrale Bedeutung. Es ist mehr als nur Nahrungsaufnahme. Es ist die Basis, aus der sich der Tagesplan entwickelt – und es ist ein soziales Zusammentreffen, ein Beisammensein von Familie und Freunden.
Eine andere Kultur lernt man am besten durch ihre Kochtöpfe kennen. Indem man gemeinsam mit anderen Menschen die Mahlzeiten teilt, isst, was sie essen, teilt man auch ihre Bräuche und Traditionen. Man nimmt am sozialen Leben teil, lernt verstehen, wie und warum die Menschen so sind, wie sie sind. Durch die Landschaft auf dem Teller begreift man die Natur und nähert sich damit der Kultur und der Mentalität der Menschen. An der Küste kommen andere Dinge auf den Tisch als hoch oben in den Bergen, in warmen Ländern isst man andere Gerichte als in kalten Ländern. Ein bekannter Koch hat mir einmal erklärt, dass die Landwirte im Grunde genommen die Architekten der Landschaft seien.
Mit den Kulturen, die sie auf ihren Äckern anbauen, prägen sie bereits seit vielen Jahrhunderten die Landschaften und ihre Erzeugnisse immer auch die Esskultur einer Gesellschaft. Um Land und Leute näher kennenzulernen, eignen sich althergebrachte Gerichte besser als die Delikatessen eines angesagten Luxusrestaurants – es sei denn, das Restaurant widmet sich bewusst der regionalen Küche. Denn egal, ob traditionell zubereitet oder neu interpretiert, es sind die Gerichte aus typischen Produkten, die dir die Geschichten der Gegend verraten.
Darüber hinaus ist es natürlich auch besser für die Umwelt, wenn die Lebensmittel, die wir zu uns nehmen, nicht erst um den halben Globus reisen müssen, ehe sie auf den Tisch kommen. Zu Hause ist es relativ einfach, beim Gemüsehändler oder im Bioladen darauf zu achten, woher das Gemüse kommt

und entsprechend einzukaufen. Auf Reisen kann es komplizierter werden, denn manchmal weiß man einfach nicht, welche Obst- und Gemüsesorten wo und wann wachsen, oder man hat gar nicht die Gelegenheit, selbst zu kochen. Doch zum Glück legen immer mehr gute Restaurants Wert auf Nachhaltigkeit und alle in diesem Buch empfohlenen Restaurants setzen auf lokale und saisonale Zutaten. Das ist meist sogar günstiger, als exotisches Gemüse zu besorgen oder Erdbeeren im Winter zu servieren.

Besonderheiten der katalanischen Küche

Aus einem **Porró** zu trinken, will gelernt sein. Schon George Orwell beschreibt in seiner Hommage an Katalonien dieses merkwürdige Gefäß, das ihn allerdings an die Urinflaschen der Kranken in den Lazaretten erinnert. Den wenigsten Besuchern gelingt es auf Anhieb, den Strahl des Weins aus dem erhobenen Porró in einigen Zentimetern Entfernung in den Mund zu lenken und zu schlucken, ohne sich dabei zu bekleckern. Es bedarf schon etwas Übung, so zu trinken.

Pa amb Tomàquet ist die Quintessenz der katalanischen Küche: Geröstetes Bauernbrot wird erst mit Knoblauch, dann mit einer halben reifen Tomate eingerieben – darauf wird kaltgepresstes Olivenöl geträufelt. Es wird als Vorspeise oder Tapa gereicht.

Die Katalanen genießen in Spanien den Ruf, extrem sparsam zu sein. Die Menschen hier waren arm und mussten mit den wenigen Lebensmitteln, die sie hatten, klug haushalten. So warf man trockenes Brot nicht weg, wie es in der feinen Gesellschaft am Hof des Königs üblich war. Hartes Brot wurde mit reifen Tomaten eingerieben, um es wieder weich und essbar zu machen. Mit etwas Öl entstand eine einfache, nahrhafte Mahlzeit, die auch der Arbeiter auf dem Feld schnell zubereiten konnte.

Das Tomatenbrot aus frischen, guten Zutaten schmeckt hervorragend, sodass es heute selbst in feinen Restaurants auf den Tisch kommt. Um ein perfektes Ergebnis zu erzielen, werden spezielle Tomatensorten, die Tomàquet de penjar oder Tomàquet per sucar, verwendet. Sie sind so weich, dass man das gesamte Fruchtfleisch ins Brot reibt und nur die hauchdünne Tomatenhaut zurückbleibt.

Trinken aus einem Porró

BESONDERE REGIONALE SPEZIALITÄTEN

Fesols: Die vulkanische Erde der Garrotxa soll den kleinen weißen Bohnen einen besonders feinen Geschmack verleihen.

Gutes **Olivenöl** wird in ganz Spanien hergestellt. In Katalonien gibt es neben der D.O. Siurana noch viele andere Regionen, in denen hochwertiges Olivenöl produziert wird. Die ältesten Olivenbäume Kataloniens stehen bei Ulldecona. Die Öle der über 1000 Jahre alten Bäume schmecken sehr sanft und fast zart.

Der kleine Ort Arbeca gibt einer beliebten Olivensorte seinen Namen: **Arbequines** sind besonders kleine und würzige Oliven.

Cava ist ein katalanischer Schaumwein, der nach der traditionellen Champagnermethode hergestellt wird.

Rote und weiße **Weine**: Die bekanntesten Weine kommen aus dem Priorat und dem Penedès, aber auch Terra Alta, Montsant, Empordà, Costers del Segre, Alella und andere Regionen produzieren hervorragende Qualitätsweine.

Schnecken gehören nicht nur in Lleida zu den Delikatessen. Ähnlich wie bei einer Grillfeier bereiten dort beim Aplec del Cargol im Mai Tausende gemeinsam die traditionellen Cargols a la llauna auf Grillblechen zu.

Winter ist die Zeit der **Calçots**. In den Dörfern, aber auch zu Hause mit Freunden, finden überall in Katalonien Calçotadas statt. Das sind kleine Feste, Verabredungen zum Essen, bei denen Erwachsene sich Lätzchen umbinden, damit die leckere Romesco-Sauce nicht auf dem Pullover landet. In Valls verspeist man diese besonderen Zwiebelchen bei einem großen Volksfest.

La Fageda: Keine Ursprungsbezeichnung, aber ein tolles nachhaltiges Projekt, bei dem in einem Buchenhain in La Garrotxa unglaublich leckere Marmeladen, Joghurt und Eis hergestellt werden.

Im Hafen von Palamós kann man den Fischern beim Entladen ihres Fangs zusehen, den sie hier direkt auf dem kleinen Fischmarkt verkaufen. Eine besondere Delikatesse sind die knallroten **Gambas de Palamós**, die nur zwischen April und Juli gefangen werden.

Das Ebrodelta ist das größte Reisanbaugebiet Spaniens. Hier wachsen Reissorten wie Bahia, Tebre, Sénia, Fonsa und vor allem der gute **Arros Bomba**.

Die guten **Äpfel** aus dem Empordà werden nicht nur nach ganz Europa verkauft, sondern auch zu Saft und Sidre, Apfelwein, verarbeitet.

In Katalonien gibt es ganz unterschiedliche **Käsesorten**. Neben traditionellen Hartkäsen aus dem Cadí oder dem Vall d'Aran gibt es verschiedene Weichkäse wie Mató oder Recuit. Mató erinnert von seiner Konsistenz an Hüttenkäse und wird gern mit Honig und Walnüssen als Dessert angeboten. Seinen Ursprung hat er in den Dörfern des Montserrat, weswegen er bis heute vor dem Kloster verkauft werden darf. Der Recuit stammt ursprünglich aus dem Baskenland und ist ebenfalls ein beliebter Nachtisch, aber noch cremiger und frischer als der Mató. Mittlerweile findet man ihn ähnlich wie frozen joghurt sogar zu Eiscreme verarbeitet (himmlisch!). Als besondere Spezialität gilt der in einzelne Tücher gewickelte Recuit del drap.

Wurst und Aufschnitt gehören zu den katalanischen Spezialitäten. Bekannt ist die **Llonganissa**, eine ca. 2 cm dicke und 30 bis 40 cm lange Hartwurst aus Schweinefleisch, die ursprünglich aus Vic stammen soll.

Seeigel gibt es an der ganzen Küste, aber nur in Palafrugell nennt man sie **Garoines** und veranstaltet im Winter eine besondere kulinarische Woche rund um die stacheligen Meerestiere.

In der geschützten Bucht Port del Fangar, dort, wo der Ebro ins Meer fließt, werden auf über siebzig Muschelbänken frische **Austern** und **Miesmuscheln** gezüchtet. Einige dieser Muschelbänke kann man von Sant Carles de Ràpita aus besuchen.

Haselnüsse wachsen im Baix Camp schon seit dem Mittelalter. Doch als eine Reblausplage im 19. Jahrhundert alle Weinberge Kataloniens zerstörte, stiegen viele der ehemaligen Weinbauern auf den Anbau von Haselnüssen um. Die Haselnüsse aus Reus sind sogar herkunftsgeschützt (Avellana de Reus).

Reus ist auch die inoffizielle Hauptstadt des **Wermuts**, des seit einigen Jahren wieder in Mode gekommenen Aperitifs.

Ratafia: Quasi alles, was draußen auf der Wiese wächst, kommt bei diesem traditionellen Kräuterlikör in die Flasche. Hauptbestandteil des Ratafia sind grüne Johanninüsse (unreife Walnüsse), die dem Likör seine besondere Note verleihen. Die restlichen Zutaten sind Geschmackssache. Rezepte gibt es wie Sand am Meer – jede Familie hat ihr eigenes.

In Katalonien gibt es zahlreiche Mikrobrauereien, die eine ganz erstaunliche Bandbreite interessanter **Craft-Beer**-Sorten produzieren. Einer dieser kleinen Familienbetriebe ist die nach dem Drachentöter benannte Cerveseria Sant Jordi, die mit ihren Bieren schon diverse Preise abgeräumt hat.

Mar y Muntanya

Welche vielfältigen Naturlandschaften sich kurz hinter Barcelona erstrecken, ahnen nur wenige Reisende, die die Stadt am Mittelmeer besuchen. Dabei wird man bei den Wanderungen durch die Naturparks von ihrer ungewöhnlichen Schönheit verzaubert und mit vielen Aussichten belohnt. Die Landschaften reichen von den spitzen Felsennadeln des Montserrat und den weichen Rundungen des Geoparcs über die spektakulären Ausblicke von den Miradores im Vall de Lord bis zu den langen, goldenen Sandstränden der Costa Daurada.

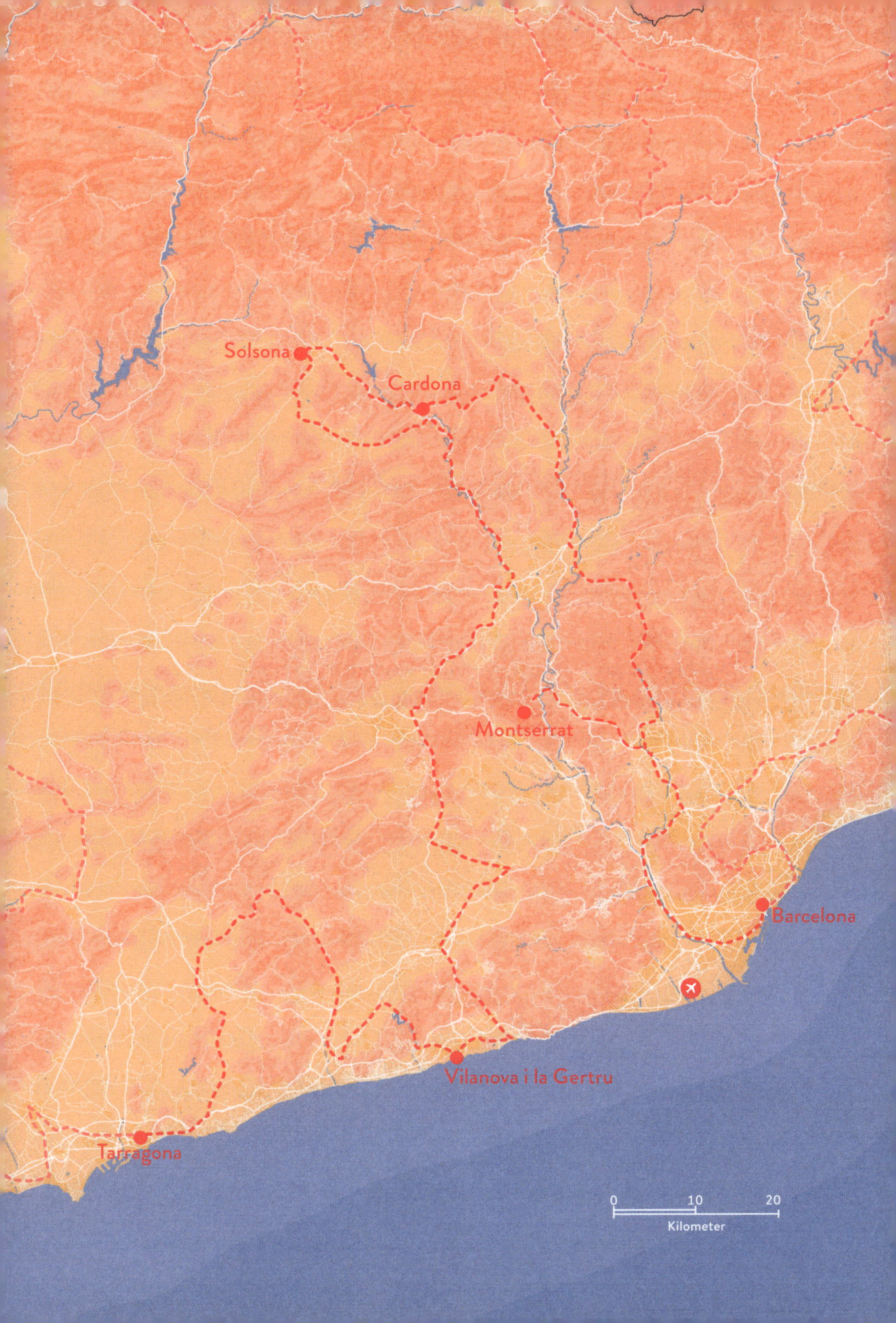

Solsona
Cardona
Montserrat
Barcelona
Vilanova i la Gertru
Tarragona
0
10
20
Kilometer

BARCELONA

Die Metropole am Meer

Barcelona und das Meer sind miteinander untrennbar verbunden. An den Stränden der Stadt sonnen sich Besucher aus aller Welt. Doch schon früher spielte die Nähe der Küste eine entscheidende Rolle.

Durch die alten Gassen bummelnd, fühlt man die Geschichte dieser Stadt auf jedem Schritt. Jeder Mauerstein scheint die Erinnerungen an eine längst vergangene Zeit in sich zu tragen.
Vor rund zweitausend Jahren entstand auf einem Hügel nahe der Küste die römische Siedlung Barcino, der Grundstein des heutigen Barcelonas. Im Mittelalter machten die Grafen von Barcelona aus der unbedeutenden römischen Siedlung eine wichtige Handelsstadt, dicht an der Grenze zum Kalifat al-Andalus gelegen. Von hier aus stachen katalanische Schiffe in See, um große Teile des Mittelmeers zu beherrschen. Im Raval und im Barri Gòtic stößt man noch heute auf mittelalterliche Mauern und beeindruckende Paläste.
Wesentlich bunter als in den Gassen der Altstadt geht es in der Eixample zu. Nachdem die mittelalterliche Stadtmauer 1854 fiel, begann der Aufbau eines neuen, modernen Barcelonas. Viel zu lange schon hatte die alte Mauer die immer weiter wachsende Stadtbevölkerung eingepfercht. Die scheinbar utopische Idee des Stadtplaners Ildefons Cerdà, großzügige Häuserinseln mit viel Grün, Licht und Luft für die Einwohner zu bauen, stieß beim wohlhabenden Bürgertum in Barcelona auf heftige Ablehnung. Statt seines Plans gaben sie einem anderen Entwurf den Vorzug, dieser wurde aber von Madrid abgelehnt. So entstand

schließlich doch die schachbrettartige Eixample, ohne die Barcelona heute nicht mehr vorstellbar ist. Bald füllten farbenfrohe Paläste im angesagten Jugendstil die neuen, breiten Straßen mit Glanz. Zur Jahrhundertwende stand ganz Europa im Bann der Art Nouveau, des Modern Style, der Secession oder, wie die katalanische Version des Jugendstils genannt wird, des Modernisme. Nach dem Spanischen Bürgerkrieg hatte Barcelona noch lange mit sich zu kämpfen. Schwer hatte die Stadt unter Bomben, Kämpfen und Entbehrungen gelitten. Unter Franco entstanden in der Folgezeit durch unkontrollierte Zuwanderung ohne städteplanerische Organisation Barackenviertel an den Stadträndern und den Stränden der Barceloneta. Erst zu den Olympischen Spielen 1992 begannen umstrittene Umstrukturierungsmaßnahmen, die das Gesicht Barcelonas noch einmal nachhaltig zu verändern.

STADTGEHEIMNISSE

Das gotische Viertel – Barri Gòtic
Ist das gotische Viertel wirklich gotisch? Im gotischen Viertel sind tatsächlich nicht alle Gebäude, die alt erscheinen, auch wirklich gotisch. Das Viertel um die Kathedrale herum hat sich seit dem Mittelalter sehr verändert. Für den Bau der Via Laietana wurden jahrhundertealte Häuser und ganze Straßenzüge abgerissen, um Licht und Platz zu schaffen. Schon gegen Ende des 19. Jahrhunderts wollte man im Zuge der Rückbesinnung auf die mittelalterliche Blütezeit Kataloniens die Altstadt „gotischer" gestalten und dadurch attraktiver machen. Prachtvolle mittelalterliche Architektur sollte hervorgehoben werden. Wo sie fehlte, half man mit der Errichtung neuer „mittelalterlicher" Bauten, wie der Brücke im Carrer del Bisbe, die erst in den 1930er Jahren entworfen wurde, nach.

Auch die beeindruckenden "Überreste" des römischen Aquädukts, die vor der Kathedrale zu sehen sind, wurden zwar an tatsächlich aus römischer Zeit stammende Mauersteine herangebaut, allerdings nicht vor 2000 Jahren, sondern erst in den 1950er Jahren, als man wieder einmal versuchte, den mittelalterlichen Charakter des Viertels zu unterstreichen.

Kathedrale
Mitten im Barri Gòtic erhebt sich die imposante Catedral de Barcelona mit ihrer mittelalterlich anmutenden Fassade. Die Grundmauern der Kathedrale stammen zwar aus dem 13. Jahrhundert, doch auch hier wurde die verschnörkelte Fassade erst im 18. Jahrhundert gebaut, der mittlere Turm sogar erst Anfang des 20. Jahrhunderts fertiggestellt.
In der Kapelle dels Sants Innocents führt ein Fahrstuhl aufs Dach der Kathedrale. Besonders schön ist der Blick kurz vor Sonnenuntergang, wenn die letzten Sonnenstrahlen die Dächer der Stadt streifen, ehe die Sonne hinter dem Montjuïc verschwindet.

Zurück im Kirchenschiff erinnern zwei Sarkophage an den Grafen von Barcelona Ramon Berenguer I und seine dritte Frau Almodis die Schöne. Die beiden verband eine leidenschaftliche Liebe, für die sie gegen die mächtige Ermessenda von Carcassonne, Ramons Großmutter, und den Papst kämpfen mussten. Die rüstige Oma war gegen diese Verbindung, weil der Graf seine Almodis aus dem Haus eines anderen Mannes, mit dem sie noch verheiratet war, entführt hatte. Trotz der widrigen Umstände blieb das Paar zusammen und Almodis gebar ihrem Geliebten vier Kinder, die Zwillinge Ramon Berenguer II und Berenguer Ramon II sowie zwei Töchter. Doch der älteste Sohn aus erster Ehe, designierter Nachfolger des Grafen, war eifersüchtig auf die Zwillinge und ermordete die schöne Stiefmutter. Untröstlich über den Verlust seiner geliebten Almodis verstieß Ramon Berenguer seinen Ältesten, sodass die Zwillinge den Titel und die Ländereien erbten.

Im Kreuzgang schnattern 13 echte weiße Gänse zu Ehren der Heiligen Eulalia, Schutzpatronin der Stadt, die mit 13 Jahren als Märtyrerin starb. In der Baixada de Santa Eulalia, hinter der Kathedrale, erinnert eine kleine Statue in einer Ecke verborgen an die Legende der jungen Gänsehirtin.

Das römische Barcino
Garantiert echt sind dafür aber die sehr versteckt liegenden Columnes romanes in einem Hinterhof des Carrer Paradís. Diese Säulen schmückten den Kaiser Augustus gewidmeten Tempel auf dem Forum Romanum, den die Römer auf dem Mont Taber, dem höchsten Punkt ihrer Siedlung Barcino, errichtet hatten. Nach typisch römischem Muster legten sie ein geradliniges Straßenraster an und begrenzten eine Fläche von rund 10 Hektar Land mit einer massiven Mauer. In der kleinen unbedeutenden Siedlung auf dem Weg zur Provinzhauptstadt Tarráco ließen sich viele ehemalige Soldaten nieder, um hier ihren Lebensabend zu verbringen. Barcino entwickelte sich schnell zu einer gut befestigten Kleinstadt. Teilweise

sehr versteckt findet man in den Gebäuden entlang der Carrer de la Palla, Carrer dels Banys nous, Carrer Avinyò oder Carrer de lledò noch Überreste der römischen Befestigungsmauer. Im Pati Llimona kann man die Reste einer Therme und an der Plaça de la Vila de Madrid die Reste einer Römerstraße mit Grabmälern an den Seiten bewundern.

Palau Reial

Im ehemaligen Königspalast, dem Palau Reial, lebten und herrschten die Grafen von Barcelona, die aufgrund der Heirat Ramon Berenguers IV mit Petronalla von Aragón mehrere Generationen lang die Königskrone von Aragón trugen, in deren Namen sie weite Teile des Mittelmeers eroberten.

Der Palast wurde im Laufe der Zeit so oft umgebaut, dass man das ursprüngliche Gebäude heute von zwei Seiten betreten kann. Die bekanntere Ansicht ist die Fassade an der Plaça del Rei. Bis zu Beginn des letzten Jahrhunderts stapelten sich oberhalb des mittelalterlichen Saló del Tinell noch enge dunkle Wohnungen. Doch auch hier wurde im Zuge der Modellierung des Viertels alles entfernt, was nicht dem mittelalterlichen Bild entsprach. Auf der anderen Seite des Palastes befindet sich heute das Museu Marès. Selbst wenn man keine Zeit für einen Besuch der Sammlung des Künstlers Frederic Marès hat, lohnt sich ein Besuch des romantischen Innenhofs.

An der Plaça del Rei befindet sich auch das MUHBA, das historische Museum Barcelonas, in dessen unterirdischen Etagen man der Geschichte Barcelonas wirklich auf den Grund geht.

Palau del Lloctinent – Porta Sant Jordi

Als Anbau an den königlichen Palast ließ Karl V., römisch-deutscher König und gleichzeitig erster König von ganz Spanien (bekannt als Carlos I.), im 16. Jahrhundert einen Palast für seinen Statthalter in Katalonien errichten, den Palau del Virrei oder auch Lloctinent genannt. Eine Zeit lang befand sich in dem Gebäude (mit hebräischen Inschriften auf den Mauersteinen, die vom jüdischen Friedhof auf dem Montjuïc stammen,) der Sitz der Inquisition, heute beherbergt es das Archiv der Corona de Aragón. Besonders interessant ist jedoch die Porta de Sant Jordi, eine Tür, die nicht nur ein Kunstwerk des katalanischen Bildhauers J. M. Subirachs (der auch die Figuren der Sagrada Familia entworfen hat) ist, sondern auch Geschichten und Legenden erzählt. Während sich der Drachentöter Sant Jordi förmlich aus der Tür hervorzuheben scheint, muss man genauer hinsehen, um die vielen Details zu erkennen, mit denen Subirachs die Geschichte seiner Stadt erzählt.
Übrigens: Die deutsche Redewendung „Das kommt mir spanisch vor" geht auf die Regentschaft Karl V. zurück, weil die Leute einige Bräuche und Gewohnheiten des Königs nicht kannten und meinten, das müsse wohl aus Spanien kommen.

Das jüdische Viertel: El Call

Viele Straßennamen wie El Call, Banys nous oder Banys vells erinnern daran, dass Menschen jüdischen Glaubens viele Jahrhunderte friedlich in Barcelona lebten. Es gab jüdische Schulen, Geschäfte, Bäder und Synagogen. Seit der Vertreibung der Juden im 14. Jahrhundert ist vom einst blühenden jüdischen Leben der Stadt nicht viel erhalten geblieben. In der „Casa Adret", in der im 12. Jahrhundert jüdische Familien lebten, werden heute Ausstellungen, Seminare, Kino-Festivals und ganz besondere Führungen durch das Viertel organisiert, um das kulturelle Erbe der jüdischen Gemeide weiterzugeben.

Carrer de Salomó ben Adret, 6 mozaika.es/en

Kathedrale des Meeres

Die Santa Maria del Mar ist eine ganz besondere Kirche. Schlicht und schmucklos, während des Spanischen Bürgerkriegs ausgebrannt, strahlt sie eine würdevolle Bescheidenheit aus. Ungefähr zur gleichen Zeit, in der die wohlhabenden Bürger Barcelonas die heutige Kathedrale errichten ließen, begannen die Männer und Frauen des Hafenviertels mit dem Bau ihrer

Im Kellergeschoss des Café Caelum in El Call kann man in mittelalterlichen Mauern leckere Kuchen kosten.

eigenen Kirche, die sie der Schutzpatronin des Meeres widmen wollten. In nur 55 Jahren erschufen sie in unglaublicher Knochenarbeit die Kirche Santa Maria del Mar. An der Eingangspforte erinnern die Darstellungen der *Bastaixos* daran, wie die Männer schwere Steine vom Montjuïc hierher schleppten. Das Buch „Die Kathedrale des Meeres“ von Ildefonso Falcones wirft einen beeindruckenden Blick auf die Entstehung der Kirche und das Leben des Viertels im Mittelalter – auch als Serie auf Netflix.

Direkt neben dieser alten Kirche brennt im **Fossar de les Moreres** eine ewige Flamme für die Menschen, die bei der dramatischen Belagerung Barcelonas im Spanischen Erbfolgekrieg ihr Leben ließen. Dem traurigen Ende dieser Belagerung am 11. September 1714 gedenken die Katalanen an ihrem Nationalfeiertag La Diada.

Mercat del Born
Durch Zufall stieß man beim Umbau der Markthalle auf die Ruinen einer alten Straße aus der Zeit des Spanischen Erbfolgekriegs. Statt der Obststände befinden sich unter dem Dach der ehemaligen Markthalle nun die alten Straßen, auf denen die Soldaten marschierten, um ihre Stadt zu verteidigen.

Palast des Meeres
Von der Aussichtsterrasse des Palau del Mar kann man heute den Blick über die im Hafen schaukelnden Luxusyachten schweifen lassen oder die Kabinen der Seilbahn beobachten, die von Montjuïc hinab zur Torre del Telefèric an der Platja San Sebastià schweben. Vor vielen Jahrhunderten reichte das Meer weiter an die alten Stadtmauern heran als heute und ungefähr an dieser Stelle befand sich eine kleine Insel. Die Illa Maians ist leider längst verschwunden, im Palau del Mar erzählt das Museu d'Historia de Catalunya auf mehreren Etagen die Geschichte Kataloniens.

Sant Pau del Camp
Völlig unerwartet steht man in einem Teil der Altstadt, der eher für nächtliche Unterhaltung bekannt ist, vor einem kleinen Kloster. Wie eine Oase wirkt das Monestir Sant Pau del Camp inmitten der turbulenten Umgebung. Mönche leben hier längst nicht mehr, doch das winzige Kloster strahlt etwas Idyllisches und Ehrwürdiges aus. Über 1000 Jahre ist es her, dass es einst zwischen Äckern und Feldern weit vor den Toren der Stadt errichtet wurde.

Mittelalterliche Stadtmauer
Als die alte römische Stadtmauer irgendwann nicht mehr ausreichte und mehr Menschen vor den Toren der Stadt als innerhalb des geschützten Bereichs lebten, wurde unter Jaume I im 13. Jahrhundert eine neue Stadtmauer errichtet.
An der Avinguda Paral·lel erhebt sich noch heute ein imposanter Teil dieser alten Stadtmauer, die Baluard de Santa Madrona. Auch am Mercat Sant Antoni kann man die Überreste gut erkennen. Etwas versteckter, aber dennoch sehr beeindruckend, sind die Mauerreste des Portal Sant Sever und ein Stück des echten Aquäduktes im Carrer de Pelai, die man vom Fahrstuhl zur Metrostation Plaça Catalunya der L3 sehen kann. Auf einem kleinen Platz hinter der Metrostation Barceloneta hat man die Überreste der Baluard del Migdia zu Tage gefördert. Unterhalb der Rambla Santa Mònica ist ein echter, aber wenig spektakulärer Mauerrest in einem Parkhaus zu sehen.

Erst 1854 wurde die ständig wachsende Stadt von ihren steinernen Fesseln befreit und die Mauer eingerissen. Es dauerte nicht lange, bis Barcelona umliegende Dörfer wie Gràcia oder Horta verschlang.

Meine liebsten Barcelona Guides
Die allerbesten Guides für Barcelona, die ich jedem nur ans Herz legen kann, zeigen nicht nur die bekanntesten Ecken der Stadt, sondern auch die kleinen verborgenen Winkel und Plätze Barcelonas. Egal, ob Mittelalter oder Modernisme, ob Spanischer Bürgerkrieg oder angesagte neue Viertel – gerade wenn man wenig Zeit hat, lohnt es sich, mit Locals wie Romina oder Resi die Stadt zu erkunden. Resi wurde in Österreich geboren und lebt schon viele Jahre in Barcelona. Romina stammt ursprünglich aus Tarragona, spricht fabelhaftes Deutsch und ist schon lange hier zu Hause. Wenn sie mit einer Familie unterwegs ist, lässt sie die Kinder auf Drachensuche gehen. Beide sind geprüfte Stadtführerinnen und können ihre Gäste auch in Museen oder die Sagrada Familia begleiten.

Resi: resisbarcelona.com
Romina: barcelonaentdecken.com

Gassen der Altstadt

BARCELONA – MONTSERRAT

Raus aus der Stadt

Sobald wir die letzten Vororte passieren und die Industrieschornsteine hinter uns gelassen haben, zeigt sich ein ganz anderes Katalonien, als das, was wir aus Barcelona kennen.

In Zeitlupe verziehen sich die Nebelschwaden und geben den atemberaubenden Blick auf das Bergmassiv namens Montserrat frei. Riesige Finger aus Sandstein ragen in den Himmel. Der Montserrat ist anders als andere Berge. Jahrtausendelang hat die Natur an diesem Gebirge modelliert, bis schließlich durch Erosion, Wind und Wetter eine einmalige Landschaft entstand. Für viele Katalanen ist das Gebirge ein Symbol ihrer Identität. Die Legende der Madonnenstatue und die Sage des Heiligen Grals lockten Pilger, Intellektuelle und Schatzsucher hierher. Selbst Heinrich Himmler wollte im Auftrag Hitlers dem Mythos des Heiligen Grals nachgehen, doch der Abt empfing ihn nicht.
Seit der Renaixança wird das Kloster als eine der Wiegen Kataloniens betrachtet. Es entstand im 10. Jahrhundert ungefähr zur selben Zeit, in der Winfried der Haarige die katalanischen Grafschaften unter seiner Herrschaft zusammenschloss. In den Siebzigerjahren, gegen Ende der Diktatur Francos, war das Kloster Treffpunkt der oppositionellen Intellektuellen. Bis heute beten Fußballfans vor einem wichtigen Spiel für den Sieg des FC Barça und in jeder Familie gibt es mindestens eine Frau, die den Namen des heiligen Berges trägt: Montserrat.

Manresa
Parc Natural
MONTSERRAT
de la Muntanya
de Montserrat
Terrassa
Badalona
BARCELONA
Santa Coloma de Cervelló
Vilanova i la Geltrú
75 Kilometer
1:40 Stunden
0
5
10
Kilometer

SANTA COLOMA DE CERVELLÓ

Zwischen Barcelona und dem Montserrat liegt die **Colònia Güell**, eine von vielen ehemaligen Arbeitersiedlungen, die von Fabrikbesitzern erbaut wurde. Sie errichteten Häuser und Schulen, damit die Männer und Frauen wohlbehütet und ungestört von den sozialen Unruhen der Metropole ihrer Arbeit in den Textilfabriken nachgehen konnten. Antoni Gaudí entwarf ehrgeizige Pläne für die Kirche der Siedlung, die jedoch nie fertiggestellt wurde. Allein die Krypta wurde umgesetzt und lässt uns erahnen, welches geniale Werk dem Architekten damals vorschwebte.

08690 Colònia Güell
Die Siedlung liegt an der Straße B-2002 zwischen Sant Boi de Llobregat und Santa Coloma de Cervelló.
gaudicoloniaguell.org

TERRASSA

Mit seinen runden Bögen und den organisch wirkenden Formen sticht das Gebäude der **Masia Freixa** in strahlendem Weiß aus dem Grün der kleinen Parkanlage hervor und erinnert an die **Architektur** Gaudís. Doch die Masia Freixa ist die Arbeit des Architekten Lluís Muncunill, eines Bewunderers Gaudís. Sein Entwurf für die Familie Freixa ist sichtbar vom einzigartigen Baustil des großen Meisters inspiriert. Ursprünglich wollten die Brüder Freixa vor den Toren Terrassas eine Textilfabrik errichten, doch es stellte sich während der Bauarbeiten heraus, dass es an Grundwasser mangelt. Ein schwerwiegendes Problem, denn zur Textilverarbeitung war ein Wasserzugang zur Reinigung der Naturfasern unverzichtbar. So zog schließlich die Familie in die Masia Freixa ein und das Gebäude diente lange Zeit als Wohnhaus. Heute beherbergt es das Tourismusbüro.

Parc de Sant Jordi / Pl. Freixa i Argemí, 11, 08224 Terrassa

MONTSERRAT

Der große Parkplatz am Kloster ist meist völlig überfüllt, daher ist es entspannter, das Auto in Monistrol zu parken und mit der Zahnradbahn zum **Kloster Montserrat** hinaufzufahren. Von dort führt eine weitere Bahn, el Funicular, den Berg hoch. Oben

Masia Freixa

Kloster Montserrat

angekommen, kann man in Ruhe wandern oder klettern. Oberhalb der Klosteranlage, zwischen den spitzen Felsen, führen schmale Wege zu den Einsiedeleien der Mönche. Unterwegs hüpfen Bergziegen von Stein zu Stein und genießen die ungestörte Ruhe. Wenn möglich, die **Wanderung** im Berg so planen, dass der Besuch der Klosterkirche mit einer Probe des Chors Escolania oder dem Abendgottesdienst Vespres um 18.45 Uhr zusammenfällt.

montserratvisita.com/de/spirituality/aufnahme-der-pilger-pastorales-zentrum

Guide-Tipp: Guides wie Ricard kennen nicht nur die Tiere und Pflanzen des Montserrat, sondern erzählen unterwegs auch Geschichten der einsiedelnden Mönche und uralte Legenden.

gdm.cat/en

Früh am Morgen stehen die Matonaires auf dem Platz vor dem Kloster und bieten einen besonderen **Frischkäse** an, den Mató. Seit dem 19. Jahrhundert dürfen alteingesessene Familien auf dem Platz vor dem Kloster ihre Produkte an die Pilger verkaufen. Die Matonaires mussten strenge Auflagen erfüllen, denn längst nicht jeder durfte vor dem Kloster Handel treiben. Die Herstellung und der Verkauf des Mató lagen jahrhundertelang in weiblichen Händen. Die Frauen, die heute den Mató verkaufen, sind längst zu einer festen Größe geworden. Während der Käse früher vorwiegend aus Ziegenmilch hergestellt wurde, besteht er heute meistens aus Kuhmilch. Lecker ist er in jedem Fall!

Schlafen kann man im Gästehaus oder dem Hotel, die beide zum Kloster gehören.

montserratvisita.com/de/organize-the-visit/where-to-sleep

Wenn Wind und Wasser die Landschaft formen

Nicht umsonst darf sich die Gegend nördlich des Montserrat Geopark nennen. Die außergewöhnliche Geschichte der Entstehung dieser Landschaft ist hier direkt an der Erdoberfläche zu sehen.

Vom Coll d'Estenalles fällt der Blick hinab ins Tal. Vor vielen Millionen Jahren befand sich vor uns ein Meer. Die gesamte Ebene der Comarca Bages war Meeresboden. Nach Westen hin war dieses Urmeer geöffnet, sodass der Atlantik frisches Wasser brachte.
Während sich die Pyrenäen vor 36 Millionen Jahren immer weiter aufrichteten, bis sie das Urmeer vom Atlantik abtrennten, entstand hinter unserem Rücken das Mittelmeer. Nach Westen hin war nun die Verbindung zum Ozean unterbrochen. Auch die Flüsse, die einst dieses Urmeer gespeist hatten, versiegten, denn durch die Anhebung der Erdplatte floss das Wasser aus den Bergen jetzt Richtung Osten in das neu entstandene Mittelmeer. Das einst mächtige Urmeer trocknete mit der Zeit immer weiter aus, bis es schließlich ganz verschwand. Zurück blieb eine dicke Salzschicht.
Oben auf dem Hügel stehend sind in der Ferne die Gipfel der Pyrenäen zu erkennen, in der Ebene davor ragt der Hügel von Cardona aus der flachen Landschaft heraus. Die großen Mengen salzhaltiger Ablagerungen befanden sich in Cardona so dicht an der Oberfläche, dass die Menschen schon sehr früh diese riesigen Vorkommen entdeckten und abbauten. Im Mittelalter war Salz besonders wertvoll. Das „weiße Gold" verhalf den Herrschern auf der Burg von Cardona zu beachtlichem Reichtum, großer Macht und Einfluss.

0
5
10
Kilometer
135 Kilometer
3:30 Stunden
Solsona
Pantà de Sant Ponç
CARDONA
Llobregat
E-9
COMARCA BAGES
C-16
Sallent
Camí de la Sequia
C-25
Cardener
Monestir Sant
Benet de Bages
C-25
Manresa
C-16
Llobregat
Mura
Parc Natural
de Sant Llorenç
del Munt i l'Obac
Coll d'Estenalles
C-37
Parc Natural
de la Muntanya
de Montserrat
MONTSERRAT
Igualada
Terrassa
C-16
C-15
AP-7
Llobregat

Naturpark Sant Llorenç

PARC NATURAL DE SANT LLORENÇ DEL MUNT I L'OBAC

Durch den Naturpark führt der erste Teil der Landstraße durch Waldgebiet. Oben auf dem höchsten Punkt, nahe dem Coll d'Estenalles, gibt es Parkplätze und ein kleines Infozentrum. Von dort aus führen relativ leichte **Wanderwege** zu den Aussichtspunkten Coll d'Eres oder zum Gipfel La Mola. Bergab, während der Fahrt Richtung Mura, zeigt der Park ein tolles Felsenpanorama.

Karte: parcs.diba.cat/web/santllorenc/mapa-del-parc

Auf dem Gipfel La Mola errichteten Mönche im 11. Jahrhundert ein kleines **Kloster**, das dem Naturpark seinen Namen gab: Sant Llorenç del Munt. Heute befindet sich dort ein beliebtes **Ausflugsrestaurant**. Für sportlich Ehrgeizige genau das Richtige, denn Straßen gibt es hier keine. Der Zugang erfolgt zu Fuß oder mit Mauleseln. Auch wird alles Nötige für die Küche mit Eseln hochtransportiert.

lamola.com/la-mola-un-restaurant-dalcada

MURA

Von hohen Bergen umgeben liegt das kleine Dorf Mura gut geschützt in einer Mulde des Vall del Montcau. Von oben fällt der Blick auf die steinernen Dächer und den Kirchturm. Um durch die alten Gassen zu spazieren, muss man in das Dorf hinabsteigen.
Außerhalb von Mura liegt ein einsamer Bauernhof. Unter einem Felsvorsprung hat sich die Familie im 12. Jahrhundert eine Zuflucht errichtet. Die **Masia Puig de la Balma** ist in die steinerne Wand gebaut – eine dem Felsen abgetrotzte Behausung, die im Laufe der Jahrhunderte ein Teil der Landschaft geworden ist. Die Familie lebt mittlerweile in der 26. Generation auf dem kleinen Hof und bewahrt ein Stück gelebte Kulturgeschichte. Im ältesten Teil des Hauses ist ein kleines Museum eingerichtet. Wer nach einer ungewöhnlichen Übernachtungsmöglichkeit sucht: Hier werden rustikale **Gästezimmer** vermietet. In der Übernachtung mit Halbpension ist auch ein deftiges Abendessen inklusive. Gekocht wird ausschließlich mit

regionalen Produkten. Das Menü legt die Köchin fest. Die Einheimischen schwören auf ihre Kochkunst.

puigdelabalma.com/en

Wer genau hinsieht, entdeckt überall im Tal Bauten in traditioneller Pedraseca-Technik: Neben Mauern und Hütten finden sich hier zahlreiche Tines, Behälter aus Trockenmauerwerk, die innen mit Keramik ausgelegt sind. Darin produzierten Bauern lange Zeit Wein. Bevor die gefürchtete Reblaus, über die Pyrenäen kam, wurden hier Weinstöcke auf allen nur erdenklichen Flächen angelegt. Bäume und Sträucher, ganze Wälder, wuchsen dort, wo einst die Trauben reiften. Daher finden sich einige der Tines nicht nur in der Nähe der Höfe, sondern mitten im Wald, wo die Trauben direkt auf dem Weinberg verarbeitet wurden.

MONESTIR SANT BENET DE BAGES

Schon im frühen Mittelalter entstand in der fruchtbaren Ebene der Comarca Bages das erste **Kloster**. Doch so nah an der Grenze zum Kalifat von Córdoba und den maurischen Taifas gelegen, kam es immer wieder zu Überfällen und Zerstörungen. Benediktinermönche bauten das erste, präromanische Kloster jedoch wieder auf. Da der Papst in Rom weit entfernt war und im Notfall nicht schnell genug helfen konnte, ordneten sich die Mönche bald dem ganz in der Nähe liegenden und sehr mächtigen Monestir del Montserrat unter. Sie unterrichteten hier zunächst die Novizen, dann nutzten sie die kleine Anlage als Ruhesitz für die ältesten Mitbrüder. Eine ganze Weile ging es dem Kloster gut, die Ländereien blühten prächtig, doch dann brachten Aufstände und Revolution erneut Blutvergießen und Zerstörung. Nachdem Mendizabel 1835 mittels königlichem Dekret alle kirchlichen Ländereien enteignete, mussten die Mönche fliehen. Sie verließen das Kloster und kehrten nie zurück. Über 100 Jahre lang stand die Anlage leer, die Bäume wuchsen

Puig de la Balma

und grüne Pflanzen überrankten die alten Mauern, bis die wohlhabende Familie des Künstlers Ramon Casas zu Beginn des 20. Jahrhunderts das Kloster kaufte und sich eine Sommerresidenz einrichtete. Während der Renaixança waren die Katalanen auf der Suche nach ihren Ursprüngen und betrachteten mittelalterliche Bauten mit einem romantisch verklärten Blick.
Heute ist die Anlage im Besitz einer Stiftung. Neben den geführten Besichtigungstouren durch das Kloster wird die Geschichte der Anlage mit einem beeindruckenden Video erklärt.

Camí de la Sequia

PARC DE LA SEQUIA

Im Mittelalter baute man einen Kanal, um Städte wie Manresa und die Äcker in der Ebene des Bages mit Wasser zu versorgen. Das Wasser brachte blühende Ernten und Wohlstand. Heute führt der 26 Kilometer lange Wanderweg **Camí de la Sequia** entlang des Kanals zu den Zeugen längst vergangener Jahrhunderte: Alte Burgen, die Ruinen einer iberischen Siedlung, mittelalterliche Brücken und einsame Kapellen liegen am Wegesrand.

parcdelasequia.cat/en/espai/sequia-path

MANRESA

Oben auf der alten Brücke vor der modernen Industriestadt stehend, fällt der Blick zunächst auf die Beinahe-Kathedrale La Seu. Trotz der Bedeutung und des Wohlstandes der Stadt wurde die prachtvolle Kirche nie zum Bischofssitz ernannt. Schwenkt man den Blick weiter nach rechts, entdeckt man die Höhle, in der Ignatius von Loyola einst die Inspiration zur Gründung des Jesuitenordens fand.

Von Ignatius, der sich vom Soldaten zum frommen Pilger wandelte, fühlte sich Joseph Beuys inspiriert und erschuf 1966 die Aktion „Manresa“. Auf der Grünfläche neben der Pont Vell erinnert das von zwei seiner Schüler geschaffene **Cruz de Beuys** als Teil der Serie „Manresa-Hauptbahnhof“ an den deutschen Künstler.

SALLENT

Das Restaurant Mas de la Sala mit Hotelbetrieb stellt auch **Stellplätze für Campervans** zur Verfügung.

Carretera C-16, Sortida Km 59, Plans de La Sala
08650 Sallent (Barcelona), masdelasala.com

Salzmine in Cardona

CARDONA

Hoch über der Ebene thront die **Burg** von Cardona. Angeblich soll Guifre el Pelos, Winfried der Haarige und erster Graf von Barcelona, höchstpersönlich den Bau dieser Wehrburg veranlasst haben. Die mächtigen Herzoge von Cardona herrschten auf der Festung, bis im Spanischen Erbfolgekrieg 1714 große Teile der Burgmauern zerstört wurden.

In der Altstadt Cardonas öffnen sich kleine Plätze mit Bars und Caféterrassen zwischen den alten Gassen. In der restaurierten Burg befindet sich heute das schicke **Hotel Parador de Cardona**.

Das „weiße Gold" bedeutete im Mittelalter Geld und Macht – und in Cardona lag es direkt unter der Erde, man musste nur zugreifen. Längst ist aus der alten Salzmine ein **Kulturpark** geworden, der die außergewöhnlichen geologischen Gegebenheiten und die Bedeutung des Salzes erklärt.

Cardona

CARDONA – SOLSONA

Im Land der Tausend Masias

Die Region Solsonès ist dünn besiedelt.

Türkis leuchtet das Wasser unten im Vall de Lord. Der Blick auf den Stausee entschädigt für die Mühen des beschwerlichen Aufstiegs zum Santuari de Lord. Der Weg ist zwar kurz, aber steil! Kein Wunder, dass die wenigen Bewohner des Klosters ihre Einkäufe mit einem Seilzug herauftransportieren.
Sant Llorenç de Morunys mit seinen vier Stadttoren und Solsona mit seinem mittelalterlichen Stadtkern sind die einzigen größeren Orte dieser Gegend. Zu den traditionellen Festen in Solsona spazieren äußerst prächtige Riesen und Dickköpfe durch die geschichtsträchtigen Gassen. In einer der wenigen verbliebenen Werkstätten erblicken hier noch Gegants das Licht der Welt und ihr Erbauer schneidert seinen Figuren die prachtvollen Gewänder auf den Leib. In der Kathedrale von Solsona befindet sich eine für romanische Zeiten ungewöhnlich gearbeitete Madonna. Aus Stein gemeißelt, blickt sie liebevoll auf das Kind in ihrem Arm. Ihr gemustertes Kleid schlägt Falten und am Knie lugt sogar ein Strumpfband hervor. Der Legende nach soll sie ursprünglich zu einer der Säulen des Kreuzgangs gehört haben. Als die Bewohner Solsonas hörten, dass die Katharer aus Frankreich flohen und auf dem Weg in ihre Stadt seien, versteckten sie ängstlich alle Kunstwerke und Bilder vor den Fremden. Die Madonnenstatue war jedoch so schwer, dass die Männer sie einfach im Brunnen des Kreuzgangs versenkten. Erst Jahrhunderte später wurde sie durch einen Zufall wiedergefunden.

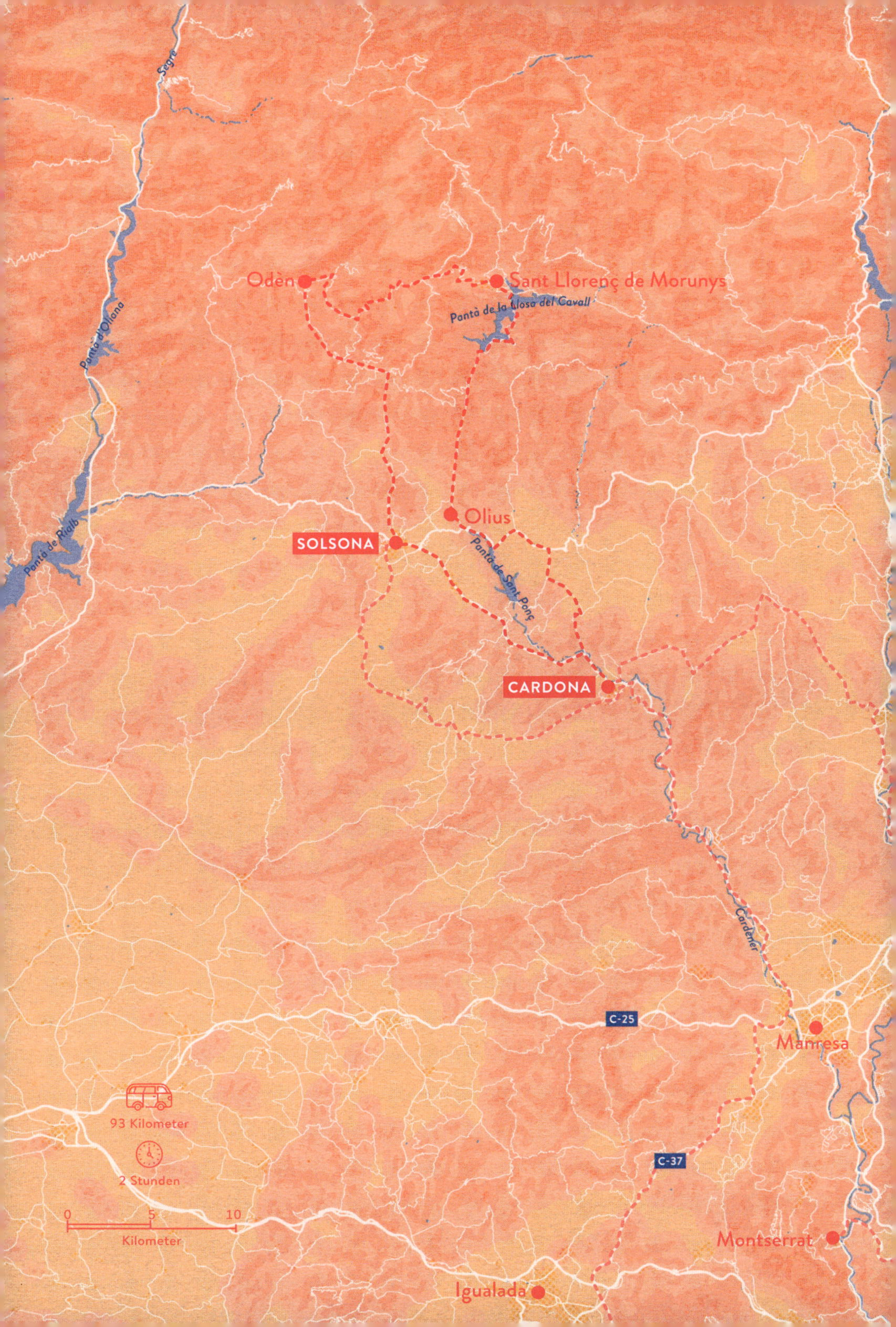

Segre
Pantà d'Oliana
Pantà de Rialb
Odèn
Sant Llorenç de Morunys
Pantà de la Llosa del Cavall
Olius
SOLSONA
Pantà de Sant Ponç
CARDONA
Cardener
C-25
Manresa
C-37
Montserrat
Igualada
93 Kilometer
2 Stunden
0
5
10
Kilometer

Pantà de la Llosa de Cavall bei Sant Llorenç de Morunys

OLIUS

Die kleine **Kapelle Sant Esteve** liegt etwas außerhalb des Ortes und wirkt nur auf den ersten Blick unscheinbar. Unter dem Altar der romanischen Kirche verbirgt sich eine außergewöhnliche Krypta.

Nur wenige Schritte von der Kirche entfernt liegt der Cementiri Modernista, ein **Friedhof**, der von einem Schüler Antoni Gaudís angelegt wurde. Das Besondere an diesem winzigen Friedhof ist, dass die Grabstellen den natürlichen Gegebenheiten der Landschaft angepasst wurden, nicht umgekehrt.

Zwischen Olius und Clariana de Cardener liegt ein Stausee, der Pantà de Sant Ponç, der schon Anfang der 50er Jahre angelegt wurde. Hier gibt es zahlreiche Stellen zum **Baden** oder Kajakfahren.

La caseta del Pantà / Camí de l'embarcador
Embassament de Sant Ponç, 25290 Clariana de Cardener

Cementiri Modernista

SANT LLORENÇ DE MORUNYS

Bis heute sind die vier alten Stadttore des kleinen Ortes Sant Llorenç de Morunys erhalten. Inmitten der engen Gassen liegt das ehemalige Kloster mit einem hübschen Kreuzgang. Für die meisten Besucher ist Sant Llorenç de Morunys Ausgangspunkt ausgiebiger Wander- und Klettertouren im Vall de Lord. Eine besonders tolle Aussicht auf den See bietet sich während des steilen, aber schönen Aufstiegs zum Santuari de Lord. In der einsamen Klosteranlage leben heute noch ein paar Männer und Frauen, die ihre Einkäufe per Seilwinde auf den Berg transportieren. Der Blick von oben auf das Tal entschädigt für die Mühen des Aufstiegs. Ein Teil des Cami de Sant Jaume, des katalanischen Zubringers des Jakobswegs, führt ebenfalls hier entlang.

Gleich am Ortseingang, direkt neben der Oficina de Turisme, liegt ein großer Stellplatz für Campervans mit Blick auf den Stausee.

PANTÀ DE LA LLOSA DEL CAVALL

Für die Wasserversorgung wurde 1989 der Pantà de la Llosa del Cavall angelegt. Der kleine Fluss Cardaner wurde gestaut und es wurde eine neue Straße gebaut, die Solsona mit Sant Llorenç de Morunys verbindet. Die steilen Ufer machen zwar an den meisten Stellen das Baden unmöglich, aber der Stausee kann mit **Kajaks** und Tretbooten befahren werden. An der Talsperre selbst springen Bungeejumper in die Tiefe.

Einer der vielen Aussichtspunkte, um das Vall de Lord von oben zu bestaunen, ist der auf ca. 1500 Meter liegende Mirador de la Creu del Codó.

ODÉN

Eine alte Salzquelle liegt im nördlichsten Teil des Solsonès. Außer den Salinas, alten Salzbecken, in denen bis vor ein paar Jahrzehnten noch Salz abgebaut wurde, gibt es ein modernes Schwimmbad mit salzhaltigem Wasser und eine kleine Bar.

Km 20 L-0401, 25283 Odèn, salidecambrils.cat

Der Zoo del Pirineu ist kein richtiger Zoo, sondern ein Zufluchtsort für verletzte Wildtiere und Raubvögel. Hier werden kranke Tiere gepflegt und wieder aufgepäppelt. Diejenigen, die nicht mehr zurück in die freie Natur können, helfen dabei, kleinen und großen Menschen die Natur der Pyrenäen zu erklären.

Ctra, L-401, Kilometer 35, 6, 25283 Odèn, zoopirineu.com/en

SOLSONA

Im Solsonès gibt es kaum große Industriebetriebe und noch immer leben viele Menschen von der Landwirtschaft. In der Altstadt Solsonas sind mittelalterliche Stadttore, Häuser und Plätze bis heute erhalten. Beim Bummeln durch die Gassen lohnt ein Blick nach oben: Die grimmig dreinblickenden Fratzen an den Dachbalken sollen davor schützen, dass Hexen und böse Geister in die Häuser der Menschen eindringen.

Riesen von Solsona

Als man Solsona im Mittelalter zum Bischofssitz ernannte, wurde die kleine Kirche zu einer prachtvollen **Kathedrale** umgebaut. Im hinteren Teil des Gotteshauses ist der Bau zwar etwas schief geraten, aber beeindruckend ist die Kirche dennoch. In einer der Kapellen steht die Madonnenstatue, die lange verschwunden war. Nach vielen Jahrhunderten soll ein Junge beim Spielen im Kreuzgang in den Brunnen gefallen sein. Als die Eltern ihr Kind schließlich fanden, rief der Kleine fröhlich aus dem Brunnen herauf, es ginge ihm gut. Dort unten sei eine liebe Frau, die ihn beschützte. So wurde die Statue wiedergefunden und da sie das Kind auf wundersame Weise gerettet hatte, erhielt sie nun einen Ehrenplatz in einer Kapelle im Kirchenschiff.

Ehe es Kühlschränke gab, mussten sich die Menschen mit Schnee und Eis helfen, um verderbliche Waren aufzubewahren. In unterirdischen Hallen wurden daher echte Eisblöcke aufbewahrt. In Solsona ist so ein **Pou de Gel, ein Eisbrunnen**, aus dem der gefrorene Schnee bei Bedarf wieder ans Tageslicht geholt werden konnte, erhalten.

In einer der Gassen der Altstadt lädt ein großer grüner Knopf an einer Hauswand dazu ein, einfach mal „draufzudrücken". Sobald das Licht im Quarto dels Gegants leuchtet und die prachtvollen Riesen, Drachen und Fabeltiere erscheinen, pressen strahlende Kinder ihre Nasen gegen die Fensterscheibe.

Carrer de Sant Llorenç, 33
25280 Solsona

Hotel La Freixera in Solsona

Auf ihre Riesen sind die Menschen in Solsona besonders stolz, denn ihr Erbauer ist gleichzeitig Schneider und kann die prunkvollen Gewänder den fein gearbeiteten Figuren auf den Leib schneidern. Die Taller d'Escultura Casserras gehören zu den wenigen noch existierenden Werkstätten, in denen die sanften Riesen entstehen. Besuch auf Anfrage.

Carrer del Parc, 2, Solsona
tallerescultura casserras.com

Am schönsten ist es natürlich, die Riesen in Aktion zu sehen. Während zur Festa Major Anfang September die eleganten Riesen nach feierlichem Zeremoniell tanzen, springen sie zu Karneval lustig zwischen dem Publikum umher und dürfen sich über alles und jeden lustig machen.

carnavalsolsona.com
solsonalafesta.net

Das Freixera ist ein sehr hübsches Hotel in einem historischen Haus im Ortskern.

La Freixera, Carrer de Santa Llúcia, 19, 25280 Solsona
hotellafreixera.com

Wo Cava zur Philosophie wird

Süße Trauben und grüne Weinstöcke beherrschen die Region des Penedès, bunte Festivals und lange Sandstrände mit kleinen Strandbars prägen das Bild der Costa del Garraf.

Weinberge so weit das Auge reicht. Überall am Wegesrand wachsen saftige, grüne Trauben, aus denen einmal kühle Weißweine und spritziger Cava werden sollen. Im Penedès erstrecken sich die Weinstöcke fast bis zum Horizont. Eine gemütliche Radtour ist ideal, um die Weite dieser Kulturlandschaft zu begreifen, und es macht einfach Spaß, entspannt zwischen den malerischen Weinstöcken zu radeln. Zu jeder Rundfahrt mit dem Rad gehört natürlich auch der Besuch einer oder zwei kleiner Weinkellereien. Die meisten Familienbetriebe bauen schon seit vielen Generationen Trauben an und freuen sich, wenn Besucher kommen, um ihre Weine und den Cava zu verkosten. Der traditionelle katalanische Sekt wird nach derselben Methode wie der Champagner hergestellt und steht dem französischen Vorbild geschmacklich in nichts nach.
An der Costa del Garraf laden die breiten Sandstrände von Sitges, Castelldefels oder Vilanova i la Geltrú dazu ein, im Meer zu baden. Sitges blickt auf eine besondere Vergangenheit zurück, denn hier traf sich zu Beginn des letzten Jahrhunderts die Künstlergruppe um Santiago Rusiñol und Ramon Cases. Neben zahlreichen modernistischen Palästen entstand in dieser Zeit auch das Cau Ferrat: Wohnung, Atelier und Rückzugsort Rusiñols. Direkt daneben errichtete ein amerikanischer Millionär seinen beeindruckenden Palau Maricel.

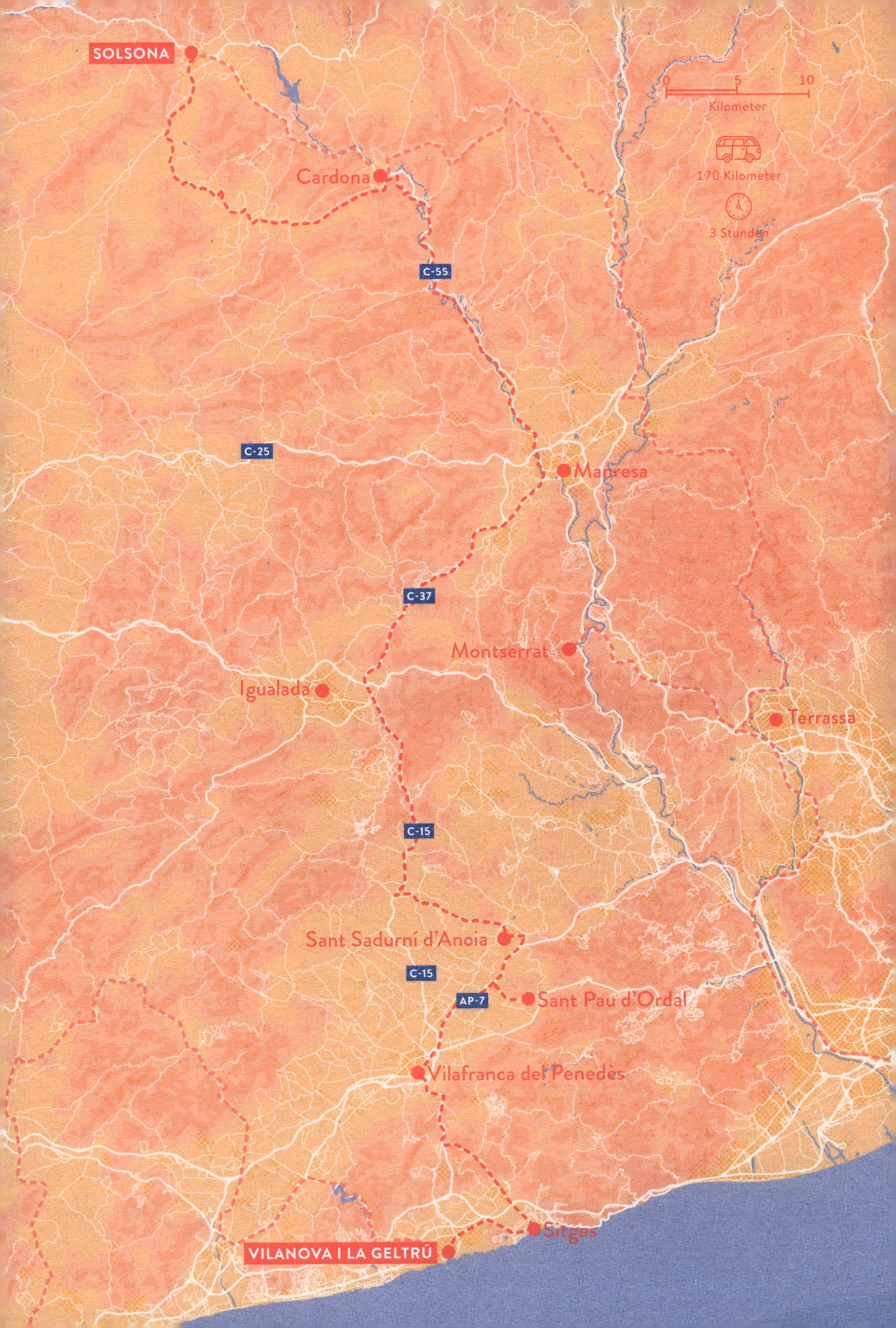

SOLSONA
Cardona
C-55
0
5
10
Kilometer
170 Kilometer
3 Stunden
C-25
Manresa
C-37
Montserrat
Igualada
Terrassa
C-15
Sant Sadurní d'Anoia
C-15
AP-7
Sant Pau d'Ordal
Vilafranca del Penedès
Sitges
VILANOVA I LA GELTRÚ

Das Penedès ist eine der größten Weinanbauregionen Kataloniens. Unzählige kleine Kellereien produzieren schon seit vielen Generationen leckerste Weine und spritzigen **Cava**, den in Katalonien hergestellten Schaumwein. Einige der Weinstöcke sind noch nach dem uralten System gezogen, ohne Drähte und Pfähle wachsen die Triebe der Reben weitgehend ungehindert. Bei dieser ältesten Art der Reberziehung müssen die Trauben mit der Hand gelesen werden. Zwar bauten die Winzer in der Gegend schon seit vielen Jahrhunderten Trauben an, doch erst gegen Ende des 19. Jahrhunderts, als die Reblaus die Ernten der französischen Weinbauern vernichtete, kam man südlich der Pyrenäen auf die Idee, aus den eigenen Trauben einen Schaumwein nach derselben Methode zu produzieren wie in der Champagne, um das Produkt nach Frankreich zu verkaufen. Wegen der schlimmen Ernteausfälle jenseits der Grenze schien sich da eine Marktlücke aufgetan zu haben. Doch die Idee funktionierte nur kurze Zeit. Dann kam die Reblaus über die Pyrenäen und vernichtete auch die Ernte der katalanischen Weinbauern. Eine schwere Wirtschaftskrise folgte, viele Weinbauern mussten aufgeben, nur wenige hielten durch. Doch schließlich fand man eine Lösung. Gegen die Reblaus resistente Reben aus Amerika wurden importiert und mit den katalanischen Trauben gepfropft. So konnten die Weinbauern ihren katalanischen Cava wieder erfolgreich nach Frankreich und in andere Länder verkaufen.

Die Abkürzung D.O. (Denominació d'Origen) ist eine geschützte Bezeichnung für die Herkunft eines Produkts. Die **D.O. Penedès** umfasst sowohl die küstennahe Comarca Baix Penedès, in der vorwiegend rote Trauben wachsen, als auch die Comarca Alt Penedès, die für weiße Trauben und den Cava, den katalanischen Sekt, bekannt ist.

Pendès Ecotours – Fahrradtour durch die Weinberge

Masia Eudald Massana Noya

SANT SADURNI D'ANOIA

Eines der Familienunternehmen, die seit über hundert Jahren Cava in einer Qualität herstellen, die dem französischen Champagner in nichts nachsteht, ist **Heretat Can Llopart**. Besichtigungen und Picknicks in den Weinbergen können organisiert werden.

Ctra. de Sant Sadurni a Ordal, Km.4
Els Casots, 08739 Subirats, llopart.com

SANT PAU D'ORDAL

Auf der **Masia Eudald Massana Noya** baut die Familie bereits seit 9 Generationen Macabeu, Xarel.lo, Chardonnay und Pinot Noir an. Das kleine Weingut ist nicht nur hübsch gelegen, sondern bietet Campervans einen Stellplatz direkt mit Blick auf die Weinberge. Maximal sind fünf Wohnmobile erlaubt. Als Dank für die kostenlose Übernachtung freut man sich über einen Besuch im kleinen Laden des Weinguts.

Finca El Maset, 08739 Sant Pau d'Ordal, massananoya.com

Weitere kostenlose Stellplätze auf den Weingütern des Penedès: penedesturisme.cat/de/rv-penedes-sites-vineyards

VILAFRANCA DEL PENEDÈS

Eine der garantiert schönsten **Radtouren** Kataloniens führt durch die Weinberge des Penedès. Thomas vermietet nicht nur E-Bikes und andere Fahrräder, sondern begleitet die Radtour als Guide und erzählt unterwegs die Geschichte des Wein- und Sektanbaus. Die Begeisterung für den Cava ist ihm deutlich anzumerken. Weil es ihm wichtig ist, dass seine Kunden das Land und die Leute kennenlernen, besucht Thomas auf seiner Route nur kleine, nachhaltig arbeitende Weinbauern.

Penedès Ecotours. Carrer de Montserrat 22
08720 Vilafranca del Penedès, penedesecotours.com

Palau de Maricel, Sitges

SITGES

Sitges ist bekannt für seine glitzernden Feste. Obwohl man in Katalonien Karneval, Carnestoltes, eigentlich sehr wenig oder gar nicht feiert, geht es beim **Karnevalsumzug** in Sitges beinahe so bunt zu wie in Rio de Janeiro.
Neben der Gay Pride lockt auch das jährliche **Filmfestival** im Oktober viele Besucher in die Stadt und an die Strände.

visitsitges.com/en/guia-gay-friendly
sitgesfilmfestival.com/cat

Was man mit viel Geld so alles anstellen kann, zeigt der **Palau de Maricel**. Vor über hundert Jahren kaufte ein exzentrischer amerikanischer Millionär die Einzelteile für seinen prachtvollen Palast einfach im ganzen Land zusammen: eine bunte Tür aus Segovia, ein hübsches Fenster aus den Pyrenäen und ein Brunnen aus Andalusien – oder so ähnlich. Auf jeden Fall ein Hingucker.

Carrer Fonollar, 08870 Sitges

Das heutige **Museu del Cau Ferrat** war gegen Ende des 19. Jahrhunderts Treffpunkt einer jungen und wilden Künstlergruppe. Die kleine „Hütte“ im Fischerdörfchen Sitges war der Rückzugsort Santiago Rusiñols und seiner Freunde, zu denen auch Ramon Casas und Pablo Picasso zählten.

Carrer Fonollar, 08870 Sitges

Mònica flechtet traditionelle katalanische Körbe

VILANOVA I LA GELTRÚ

Dort, wo einst ein Kapuzinerkloster stand, liegt heute der schönste Platz des ganzen Ortes. Die **Plaça de la Vila** vor dem Rathaus ist von hübschen Arkaden umsäumt. Auf dem mit Kacheln belegten Boden zieht ein aufwendiges Mosaikmuster die Blicke auf sich.

Auf Märkten und in Museen verkauft die aus Vilanova i la Geltrú stammende **Korbmacherin** Mònica ihre geflochtenen Schalen, Körbe und Rucksäcke. In Workshops gibt sie ihr Wissen weiter und zeigt, wie man traditionelle katalanische Körbe flechtet.

weavingbythesea.blogspot.com

Eine kulinarische Spezialität vereint die Regionen des Penedès mit den Küstenorten des Garraf: **Xatò**. Auf der Xatò Route kann man verschiedene Interpretationen des traditionellen Gerichts kosten, denn gleich mehrere Dörfer beanspruchen für sich, das Gericht erfunden zu haben. Entstanden ist Xatò, das vorwiegend aus Endiviensalat, in Salz eingelegtem Fisch und Romesco-Sauce besteht, zur alljährlichen Weinverkostung. Wenn im November die Weinhändler kamen, um die neuen Weine zu verkosten, reichten die Winzer dazu, was es eben zu dieser Jahreszeit gab, und das war eingelegter Fisch.

vilanovaturisme.cat/gastronomia/xato_de_vilanova

VILANOVA I LA GELTRÚ – TARRAGONA

Menschentürme, Klöster und Calçots

Durch die ruhigen Landschaften des Hinterlands geht es zurück an die Küste: zu den römischen Ruinen nach Tarragona.

Tarragona blickt auf eine jahrtausendalte Geschichte zurück. Als die römischen Eroberer die Iberische Halbinsel für sich entdeckten, gründeten sie die Stadt unter dem Namen Tarraco und machten es zur Hauptstadt der Provinz Hispania citerior. In der gesamten Altstadt lugen archäologische Stätten der Römerzeit aus dem Boden, an Häuserwänden und auf kleinen Plätzen hervor.
Im Hinterland Tarragonas, vorbei an Getreidefeldern und Olivenhainen, liegt die kleine, vom Tourismus fast noch unberührte Stadt Valls. Anfang des 19. Jahrhunderts entstanden hier die ersten Menschentürme, die Castells. Die Bedeutung der katalanischen Menschentürme wird erst klar, wenn man versteht, dass es dabei um sehr viel mehr geht als um Akrobatik. Fast noch wichtiger als die richtige Technik sind die Werte, die mit der Errichtung eines Castells einhergehen. Bei dieser atemberaubenden Tradition geht es um gegenseitiges Vertrauen und Solidarität. Gemeinsam stark zu sein, im richtigen Moment Mut zu zeigen, ohne jemals leichtsinnig zu werden. Angesichts einer Gefahr Ruhe zu bewahren und vernünftig zu reagieren. Der Dichter und Komponist Anselm Clavé brachte die Philosophie der Castells in einem Vers auf den Punkt, der zum Motto der Collas geworden ist: Força, Equilibri, Valor i Seny. Kraft, Ausgewogenheit, Mut und Vernunft.

C-15
C-37
AP-2
Santes Creus
Vilafranca del
Penedès
Valls
C-51
AP-2
Montferri
A-27
El Vendrell
VILANOVA I LA GELTRÚ
AP-7
AP-7
Altafulla
TARRAGONA
140 Kilometer
3 Stunden
0
5
10
Kilometer

„Florits. Art al Barri“ heißt die einmal im Jahr stattfindende Aktion, bei der leere Wände mit bunten Bildern neu gestaltet werden. Von Alba Fabre und Antonio Valadés stammt das Wandbild, das die Frauen ehren soll, die hier viele Jahre lang in der Textilindustrie arbeiteten. Eine Hommage an unzählige, namenlose Arbeiterinnen.

SANTES CREUS

Das Monestir Santes Creus stammt aus dem 12. Jahrhundert und ist eines von drei Zisterzienserklöstern der Ruta del Cister. Eine **Wanderung** auf dem GR 175, vorbei an Weizenfeldern und Olivenhainen, Mandelbäumen und Weinstöcken, verbindet die drei Klöster miteinander. Seit der Enteignung der Kirchengüter 1835 steht das einst so bedeutende Kloster leer und wurde 1921 unter Denkmalschutz gestellt.

Plaça de Jaume el Just, s/n, 43815 Santes Creus

VALLS

Nachdem der Graf von Barcelona die Gegend von den Mauren erobert hatte, wurde Valls im 12. Jahrhundert gegründet – eine kleine Siedlung, die sich bald zu einer blühenden Stadt enwickelte.

Calçots sind kleine Frühlingszwiebeln, die im Winter geerntet werden. In Valls feiert man jedes Jahr am letzten Sonntag im Januar eine traditionelle **Calçotada**. Bei diesem winterlichen Fest werden die traditionellen Zwiebeln gegrillt und gemeinsam auf dem Dorfplatz verspeist. Von Valls aus hat dieses Fest ganz Katalonien erobert. Überall feiern Freunde und Familien ihre winterlichen Calçotades. Tipp: Zu so einem Fest sollte man sich kleckerfeste Kleidung anziehen, denn das richtige Essen der Calçots braucht Übung. Anfänger neigen dazu, sich beim Essen mit der leckeren Romesco-Sauce, in die die Zwiebeln gedippt werden, anständig zu bekleckern. In Restaurants werden daher zu einer Calçotada Lätzchen verteilt.

Zu Beginn des 19. Jahrhunderts wurden die Menschentürme, wie wir sie heute kennen, in Valls erfunden. Von hier aus entwickelte sich die Tradition der **Castells** in ganz Katalonien. In Valls gibt es zwei Collas, die Colla

Joves und die Colla Vella, die seit vielen Generationen Menschentürme bauen.

An der Plaça del Blat liegt das Rathaus, vor dem die Castells errichtet werden. Gleich um die Ecke wurde das moderne **Museum Món Casteller** gebaut, das die Welt der Menschentürme interaktiv mit vielen Filmen erklärt. Die Eröffnung ist für Ende 2022 geplant.

Plaça del Blat, 5, 43800 Valls, museucasteller.cat

Das Refugi Antiaeri ist ein **Luftschutzbunker** aus dem Spanischen Bürgerkrieg. Unterhalb der Stadt suchten die Menschen Schutz vor den Bomben der Legion Condor, die so viel Leid und Zerstörung über dieses Land brachte. In Valls blieben die Menschen glücklicherweise verschont. Die Bomben fielen lediglich auf das Aerodrom vor den Toren der Stadt. Heute erinnern die unterirdischen Gewölbe und Tunnel an die dunklen Zeiten der Geschichte.

Zugang nur mit Führung:
Refugi antiaeri de la plaça del Blat
Plaça de l'Església, 43813 Valls (Tarragona)

Direkt an der Plaça del Oli, auf der bis heute der wöchentliche Markt stattfindet, liegt das **Magatzem del Vermut**. Lisard Bellod verkauft in dem winzigen altmodischen Laden nicht nur alle erdenklichen Sorten des klassischen Vermuts, sondern er stellt nach dem Rezept seines Großvaters auch eine eigene Version des Aperitifs her, mit der er sogar Preise gewonnen hat. In Barcelonas angesagten Vermuterias ist sein Montseta so beliebt, dass er ihn dort nur noch ohne Etikett ausschenken lässt. Die Nachfrage war so groß, dass er hätte expandieren müssen. Doch das wollte Lisard nicht. Lieber produziert er eine kleine Menge und bleibt sich und seinem nachhaltigen Rezept treu.

Carrer de la Peixateria, 19, 43800 Valls
facebook.com/elmagatzemdelvermut

Es gibt nicht mehr viele Läden, die **Espardenyes** anfertigen. In dem kleinen Schuhladen Calçats Alentorn werden die traditionellen Schuhe von Hand genäht. Im Schaufenster stehen neben bunten Espardenyes auch elegante Versionen für die Braut, ganz kleine für Kinder und sogar eine Version für die Polizei. Denn in Valls gehören die Espardenyes zur Galauniform der Mossos d'Esquadra, der katalanischen Polizei, die hier nach dem Spanischen Erbfolgekrieg ihren Ursprung fand.

Carrer Sant Antoni, 40, 43800 Valls

Ziemlich ungewöhnlich ist es, in einer Kirche die Darstellung einer Seeschlacht zu finden. In der **Capella del Roser** zeigt ein Mosaik aus Keramikkacheln die legendäre Schlacht von

Santuari de la Mare de Déu de Montserrat in Montferri

MONTFERRI

Außerhalb des winzigen Dorfs liegt eine **ungewöhnliche Kirche** auf einem Hügel. Im Gaudí-ähnlichen Stil erhebt sich das betongraue Santuari de la Mare de Déu de Montserrat. Die Arbeiten an der von Josep Maria Jujol i Gibert, einem Schüler Gaudís, 1925 entworfenen Kapelle blieben unvollendet. Erst in den 90er-Jahren wurde das Santuari wieder instand gesetzt und restauriert. Die Säulen und Kuppeln sollen an das Profil des Montserrats erinnern. Und ein bisschen kitschig darf es hier auch sein: In den Glasfenstern hinter dem Altar leuchten kleine Herzen in bunten Farben.

Lepanto, bei der die Schiffe der christlichen Allianz auf wundersame Weise die osmanische Flotte besiegten (und Cervantes seine linke Hand verlor und traumatisert von der Schlacht Don Quichote schrieb).

200 Stufen muss man erklimmen, um die **Aussicht** vom Campanar der Església de Sant Joan de Valls zu genießen. Der 74 Meter hohe Glockenturm kann heftigen Windböen nur deswegen problemlos standhalten, weil er nicht aus massivem Stein, sondern aus biegsamem Eisen konstruiert wurde. Die neogotische Verkleidung dient lediglich der optischen Anpassung an die gotische Kirche. In einer der Kapellen steht die Mare de Deu de la Candela, die Schutzpatronin der Stadt, die Valls einst vor der Pest rettete. Zu ihren Ehren wird alle 10 Jahre ein großes Fest veranstaltet. Das nächste findet 2031 statt.

decennalsvalls.cat

ALTAFULLA

Das **Castell de Tamarit** stammt schon aus dem 11. Jahrhundert und war einst eine wichtige Grenzbefestigung zwischen Barcelona und dem Reich der Mauren. Später kaufte dann ein amerikanischer Millionär die Burg und restaurierte sie nach seinem Gusto. Dem wohlhabenden Mister Deering gefielen die alten Gebäude, die er in Europa fand: Der Palau de Maricel in Sitges geht ebenfalls auf sein Konto.

Zu Füßen der Burg liegt das Beach Resort Tamarit mit Campingplatz direkt am Strand. Toll für alle, besonders für Familien. Es sei denn, man sucht Einsamkeit, denn leer ist es nicht.

Platja de Tamarit, Carretera N-340 A Kilometer 1 172
43008 Tarragona, tamarit.com

TARRAGONA

Das römische Amphitheater liegt direkt am Meer. Die **unterirdischen Tunnel**, die unter dem Circ romà bis zum Amphitheater führen, sind mehr als beeindruckend. Sie sind unglaublich gut erhalten und man hat das Gefühl, wie ein Gladiator in die Arena zu schreiten. Vom Eckturm aus lohnt der Ausblick!

Manchmal wird sie – sehr zu unrecht – vergessen: **La Catedral de Tarragona** ist ein schöner Kirchenbau, an dem der Übergang vom romanischen zum gotischen Stil gut zu erkennen ist. Sie erhebt sich auf einem Hügel, dem höchsten Punkt der Stadt, unter sich die Mauern eines römischen Tempels begrabend.

Der zentrale Platz, das Herz der Stadt, auf dem alle wichtigen Veranstaltungen stattfinden, ist die längliche Plaça de la Font. Am oberen Ende steht das Rathaus, am unteren Ende der Brunnen, nach dem der Platz benannt wurde.

In Tarragona spaziert man gern über die Rambla Nova zum Balcó del Mediterrani – einem **Aussichtspunkt**, von dem aus der Blick über das Meer und el Serrallo, das Fischerviertel und den Hafen mit zahlreichen guten Fischrestaurants, schweift. Das Geländer des Balkons zu berühren, soll Glück bringen, deswegen gehen die Einwohnerinnen und Einwohner Tarragonas möglichst oft „tocar ferro al balcó".

Guide-Tipp: Romina kommt aus Tarragona und kennt nicht nur die Geschichte, sondern auch die Menschen in dieser Stadt.
Sie empfiehlt das Restaurant **El Xaloc**. Familiäres Ambiente und exzellentes Essen! Der Besitzer war selbst Fischer.

Carrer de Gravina, 65, 43004 Tarragona

Die **Brücke des Teufels**, Pont del Diable, ist genau genommen eine Wasserleitung, die die Jahrtausende überdauert hat. Das Aqüeducte de les Ferreres wurde in römischer Zeit errichtet und unter der Herrschaft der Kalifen von Córdoba, die hier Jahrhunderte lang regierten, mehrmals instand gesetzt. Bis ins christliche Mittelalter hinein wurde sie für die Wasserversorgung der Stadt genutzt.

Parkplatz 41°08'50.1"N 1°14'26.7"E
4 Kilometer vor Tarragona an der N-240 Richtung Lleida

Pont del Diable

TARRAGONA – LLEIDA

Das neue Katalonien

Catalunya Nova, das neue Katalonien, nannte man die Gebiete, die Ramon Berenguer IV im 12. Jahrhundert von den Mauren eroberte. Dieses neue Katalonien begann hinter dem Llobregat, umfasste die Terres del Ebre und reichte bis Lleida hinauf. Im Spanischen Bürgerkrieg wurde die Ebene des Ebro erneut zum Schauplatz blutiger Schlachten. Doch die Landschaften des südlichen Zipfels Kataloniens inspirierten auch zum Bau von Klöstern und Kapellen. Diese Region ist ebenfalls die Heimat köstlicher Weine.

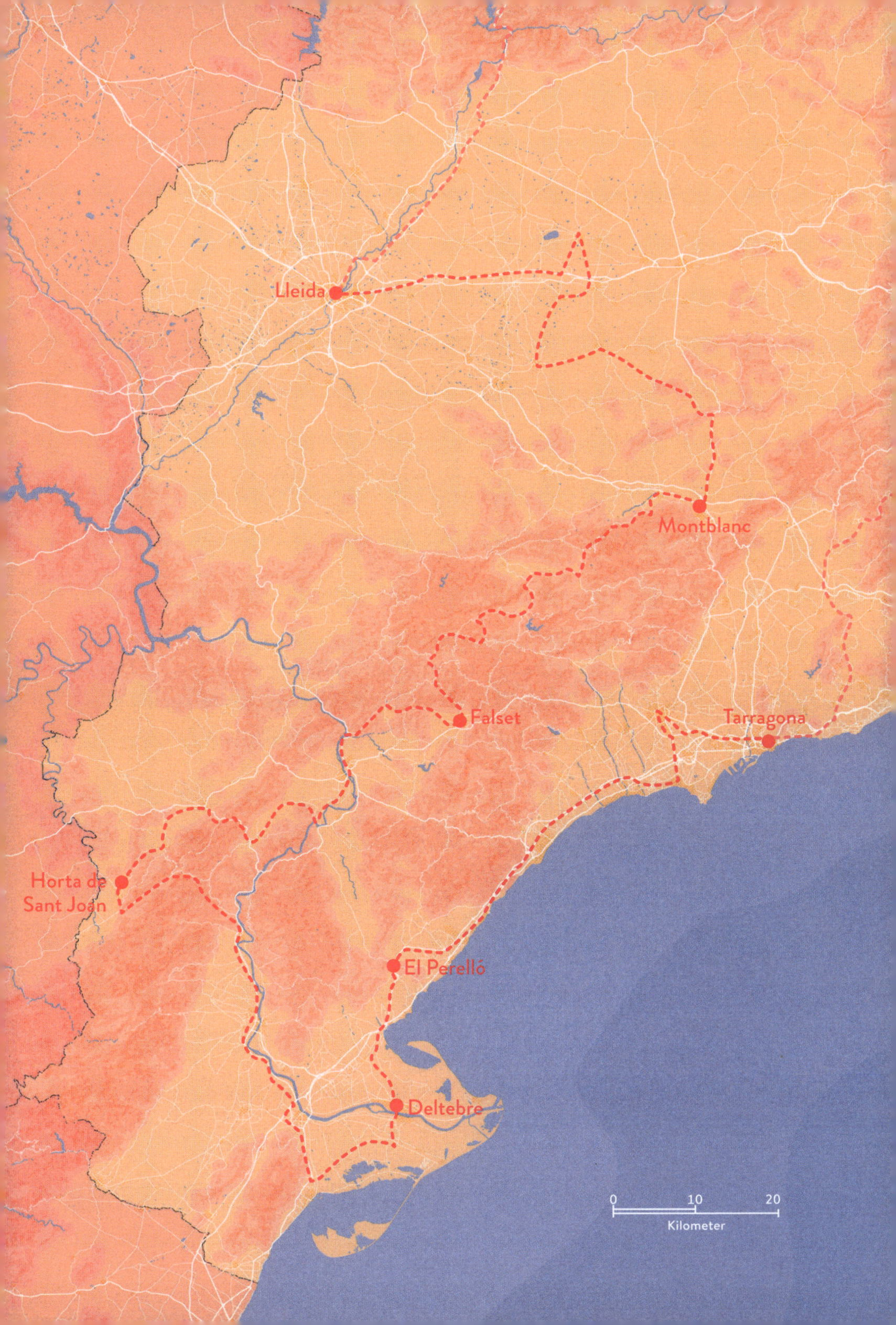

Lleida
Montblanc
Falset
Tarragona
Horta de Sant Joan
El Perelló
Deltebre
0
10
20
Kilometer

Römer, Wermut und süßer Honig

Abseits der langen goldenen Sandstrände der Costa Daurada überrascht Reus mit modernistischen Bauten, dem Antoni Gaudí gewidmeten Museum und dem leckeren Vermut de Reus.

Katalanen treffen sich nicht zum Aperitif, sondern „a fer un vermut". Und dieser klassische Wermut kommt seit über hundert Jahren aus Reus. Eine Zeit lang war das süße Branntweingetränk fast in Vergessenheit geraten, doch längst haben eine große Anzahl von Läden neben den altbekannten auch ganz neue, moderne Sorten des traditionellen Getränks wieder auf der Karte stehen. Echtes Wermut-Flair der letzten Jahrhundertwende kommt in den ehemaligen Fabrikhallen im Zentrum der Stadt auf, in denen jetzt schicke Restaurants untergebracht sind.

Von Reus geht es an die goldene Küste. Ihren Namen verdankt die Costa Daurada der Farbe des Sandes, der im Sonnenschein golden leuchten soll. Lange Sandstrände bestimmen tatsächlich das Bild der Küste zwischen Tarragona und dem Ebrodelta. Für viele Familien wird das Meer mit Schnorcheln und Wasserrutschen hier zum Freizeitvergnügen. Die meisten Urlaubsorte dürfen als Zeichen für die gute Wasserqualität eine Bandera Azul an ihren Stränden flattern lassen.

Im ruhigeren Hinterland verbrachte Joan Miró auf einer kleinen Masia zeitlebens seine Sommer. Mont-roig del Camp, die Landschaft rund um die rötlich schimmernden Berge, taucht in vielen seiner Werke auf.

AP-2
Valls
Reus
TARRAGONA
Mont-roig del Camp
AP-7
COSTA DAURADA
L'Ametlla de Mar
EL PERELLÓ
75 Kilometer
1:15 Stunden
0
5
10
Kilometer

Reus

REUS

Es dauerte nicht lange, bis der in Norditalien und Frankreich bereits äußerst beliebte Wermut, den Mönche Ende des 19. Jahrhunderts aus rein medizinschen Zwecken gebraut hatten, auch bis nach Reus gelangte. Da die Infrastruktur zur Herstellung von Wein und Branntwein bereits vorhanden war, entstanden schnell 30 kleine Fabriken, die ihre Produkte erfolgreich in ganz Spanien verkauften. Ein „Vermut de Reus“ war gleichbedeutend mit hoher Qualität und Reus entwickelte sich zur **Wermut-Hauptstadt**. In der Oficina de Turisme, die in der ehemaligen Estació Enològica untergebracht ist, werden zur Verkostung verschiedener Sorten des Wermuts Haselnüsse gereicht! (Preis 3 Euro)

Passeig de Sunyer, 4, 6, 43202 Reus

Guide-Tipp: Mari Carmen ist von Haus aus Kunsthistorikerin und kennt sich in der Gegend bestens aus. Sie lebt in Reus, wo sie verschiedene Routen, wie die zu historischen Läden der Stadt, anbietet.

latevaruta.com/en/visitas-guiadas/vermut-i-botigues-amb-historia

Kein richtiges Museum, aber eine nette Bar mit einer riesigen Sammlung alter Wermutflaschen, alter Schilder und Bilder rund um den leckeren Aperitif ist das **Museu del Vermut**.

Carrer de Vallroquetes, 7, 43201 Reus,
museudelvermut.com

Das Restaurant Vermuts Rofes ist in einer alten Fabrikhalle untergebracht, in der noch bis vor wenigen Jahren der traditionelle Aperitif hergestellt wurde. In einem Hinterraum kann die alte Produktionsanlage besichtigt werden.

Carrer de Sant Vicenç, 21, 23, 43201 Reus
vermutsrofes.com

Der Geburtsort Antoni Gaudís hat zwar keine Entwürfe des berühmtesten Sohns der Stadt vorzuweisen, dafür widmet Reus dem Architekten aber ein Museum, das in die fantastische Welt des Modernisten entführt und behutsam erklärt, wie seine organisch bizarre Formensprache entstehen konnte.

Plaça del Mercadal, 3, 43201 Reus
reusturisme.cat/ciutat-de-gaudi/gaudi-centre/

Die beeindruckendsten **modernistischen Bauwerke** in Reus stammen von einem Kollegen Antoni Gaudís, von Lluís Domènech i Montaner: Die Casa Navàs liegt an der zentralen Plaça nahe des Gaudí Museums.

Das Hospital Pere Mata ist ein funktionierendes Krankenhaus außerhalb von Reus. Es hat einen wunderschönen modernistischen Teil, der vor Covid für Besichtigungen zugänglich war.

Costa Daurada bei Ametlla

MONT-ROIG DEL CAMP

Das kleine Dorf Mont-roig del Camp liegt versteckt zu Füßen eines roten Felsens. Joan Miró verbrachte viele Jahre seiner Kindheit, und auch später unzählige Sommer, auf seiner Masia in der Nähe des kleinen Ortes. Viele der älteren Menschen im Dorf kennen den internationalen Künstler und betrachten ihn als einen der ihren.

Erst vor ein paar Jahren wurde auf dem ehemaligen Bauernhof, der einst der Familie Miró gehörte, ein Museum eingerichtet. Mas Miró war viele Jahrzehnte lang die Sommerresidenz der Familie. Beim Besuch der Masia tauchen immer wieder Motive aus den Werken Joan Mirós auf. Dieser Ort und die Landschaft, die die Masia umgibt, haben den Künstler Miró ein Leben lang beeinflusst. Ernest Hemingway kaufte übrigens das Gemälde, das diese katalanische Masia in unzähligen Details darstellt und auf Deutsch schlicht „Der Bauernhof" heißt.

masmiro.com/en/mas-miro

Die Ermita la Mare de Déu de la Roca und auch die kleine Kapelle Sant Ramon de Penyafort liegen rund 4 Kilometer hinter dem Dorf Mont-roig. Spätestens beim Anblick der roten Felsen, auf dem die beiden Kapellen errichtet wurden, wird klar, dass dieses Bergmassiv dem Ort seinen Namen verliehen hat, denn „mont roig" heißt übersetzt roter Berg. Die Einsiedelei stammt wahrscheinlich aus dem 13. Jahrhundert, ist aber vielleicht auch schon viel älter. Viele **Wanderwege** führen hier entlang (z. B. der GR 192), aber es gibt auch einfache Rundwege.

mont-roigmiami.cat/wp-content/uploads/2018/06/Ermita_Mare_de_Deu_de_la_Roca.pdf

L'AMETLLA DE MAR

Aurora und das **Plancton Diving Team** bringen kleinen und großen Wasserfröschen viel Wissenswertes über das Leben unter Wasser bei. Nachhaltigkeit wird hier großgeschrieben. Ob beim Tauchen, Schnorcheln oder Baden, für Aurora ist es wichtig, dass die Menschen, mit denen sie unterwegs ist, sorgsam mit dem Meer und seinen Bewohnern umgehen. Damit die Meerestiere nicht an Plastik knabbern und ersticken, sammelt sie bei ihren Tauchgängen im Meer alles ein, was dort nicht hingehört.

planctondiving.cat

Während die meisten Strände der **Costa Daurada** mit ihrem goldenen Sand die Badegästen locken, finden sich bei einem kleinen Spaziergang ganz in der Nähe von Ametlla kleine Buchten mit Kieselstränden, die weniger gut besucht sind.

In nördliche Richtung führt der GR 92 auf alten Pfaden, den Camins de Moros i Cristians, an versteckten Höhlen und Ruinen vorbei bis l'Almadrava. In südlicher Richtung geht es bis zur Cala de l'Àliga, der Bucht des Adlers.

EL PERELLÓ

In Perelló sind nicht nur die fleißigen Bienchen am Werk, sondern es gibt auch ein Honigmuseum, das ganz genau erklärt, wie Bienen arbeiten und wie der Honig gemacht wird. Nach einem kleinen Videofilm geht es dann nach draußen zu den Bienenstöcken!

Mel Muria, Avinguda Catalunya, 23, 43519 El Perelló
melmuria.com

Ermita de la Mare de Déu de la Roca hinter dem Dörfchen Mont-roig

EL PERELLÓ – AMPOSTA

Flamingos im Reis

Enge Wege und schmale Kanäle führen durch das Grün des Ebrodeltas. Zwischen den nie enden wollenden Reisfeldern und den sumpfigen Ausläufern des Deltas trifft man Flamingos und andere Zugvögel auf Futtersuche. Doch diese ganz besondere Naturlandschaft ist in Gefahr.

Wenn das Wasser die Sonnenstrahlen reflektiert, glänzt und glitzert es zwischen den Pflanzen: Reis – so weit das Auge reicht. Im Ebrodelta erstrecken sich die grünen Felder links und rechts der Wege über die Ebene. Sobald die Sonne untergeht, leuchten am Himmel orangerote Wolken wie ein brennendes Meer. Manchmal sieht man noch die alten Boote, mit denen die Reisbauern auf kleinen Kanälen durch die Felder gleiten, wie mit venizianischen Gondeln. Aufregend wird es in dieser stillen Landschaft nur zur Reisaussaat und zur Reisernte. Viele helfende Hände werden an diesen Tagen gebraucht und viele hungrige Münder lassen sich nach der anstrengenden Arbeit das deftige Essen schmecken.
Seit Jahrtausenden prägt der Lauf des Ebros diese Gegend. Als Karthager und Römer die Iberische Halbinsel entdeckten, übernahmen sie den Namen des Flusses von den Einheimischen und machten aus dem Wort ibar (Baskisch für Tal, Flusstal) iberus. So wurde der Ebro zum Namensgeber der gesamten Halbinsel. Leider ist es eine Tatsache, dass sich diese ganz besondere Landschaft immer weiter zurückbildet. Wo heute noch Flamingos im knietiefen Wasser waten und sich die grünen Reisfelder bis zum Horizont erstrecken, wird in nicht allzu ferner Zukunft nur noch blaues Meer zu sehen sein. Nicht nur die Veränderung des Klimas, sondern vor allem die Errichtung der Stauseen in den 50er und 60er Jahren ist die Ursache für das drohende Verschwinden des Deltas.

Mont-roig del Camp
Ebro
EL PERELLÓ
L'Ametlla de Mar
Far del Fangar
Ebro
Deltebre
Parc Natural del
Delta de l'Ebre
AMPOSTA
Sant Jaume
d'Enveja
Camping
Eucaliptus
Serra de Montsià
Sant Carles de
la Ràpita
Platja del
Trabucador
56 Kilometer
1:10 Stunden
0
5
10
Kilometer

DELTEBRE

Josep watet mit seinen Gästen schon mal knietief im Wasser, um ihnen zu zeigen, wie der **Reisanbau** im Ebrodelta funktioniert. Praktisch und handfest gibt er die traditionellen Methoden und das Wissen vieler Generationen weiter. Wenn er erzählt, wie hart die Arbeit auf den Reisfeldern früher war, dann weiß er, wovon er spricht. Denn Josep ist im Ebrodelta aufgewachsen und kennt die Besonderheiten der Tiere und Pflanzen, aber auch die Geschichte der Menschen, die hier leben. Für ihren Einsatz in puncto Nachhaltigkeit sind Vater und Sohn mehrfach ausgezeichnet und so etwas wie kleine Berühmtheiten im Delta geworden.

Carretera Marquesa, 43580 Deltebre, deltapolet.com

Immer geradeaus, an einem kleinen Bewässerungskanal entlang mitten durch die grünen Reisfelder, führt der Weg zur Badia del Fangar. Kurz vor der Küste biegt ein Weg nach links zur Platja del Fangar ab. Von dort geht es nur noch zu Fuß weiter bis zu dem strahlend weißen **Leuchtturm,** dem Far del Fangar.

Umgeben von Reisfeldern liegt das rustikale Delta Hotel.

Avinguda del Canal, Camí de la Illeta s/n, 43580 Deltebre
deltahotel.net

Tipp: Im Ebrodelta sollte man Mückenschutz dabeihaben!

Ebrodelta

SANT JAUME D'ENVEJA

Zweimal im Jahr findet in dem kleinen Dorf ein großes **Reisfest** statt. Im Juni wird das Pflanzen der Reissetzlinge gefeiert. Dann finden sich viele helfende Hände zur Plantada ein, um die neuen Reispflanzen in die unter Wasser stehenden Felder zu setzen. Ende September kann der Reis geerntet werden. Bei der Sega (Ernte) lassen sich die Erntehelfer nach der anstrengenden Arbeit gemeinsam ein deftiges Essen schmecken.

Arrossar Interactiu – Paseo Fluvial
43877 Sant Jaume d'Enveja

Flamingos bei Amposta

SANT CARLES DE RÀPITA

Im Hafen von Sant Carles kann man mit dem Boot hinaus zu den **Muschelbänken** fahren und vor Ort erfahren, wie Austern und Miesmuscheln wachsen. Ausflüge organisieren Musclera l'Avi Agustí oder Musclarium. Frischer als auf dem Meer kann man Austern nicht verkosten!

Port Esportiu de la Ràpita, Bahía de los Alfaques, 43540
Sant Carles de la Ràpita

AMPOSTA

Wer ganz verrückt aufs **Birding** ist oder einfach nur rosa Flamingos im Wasser stehen sehen will, der fährt bei dem kleinen Informationszentrum Mon Natura Delta vorbei.

43870 Amposta, monnaturadelta.com

Ein anderer toller **Ausblickspunkt** ist der Mirador de la Casa de la Fusta neben einem kleinen Museum mit Restaurant.

43870 Amposta

Die Platja del Trabucador ist ein unglaublich dünner langer **Strandstreifen**, der sich in einem großen Bogen vor der Küste windet, bis er die Salines de la Trinitat erreicht und danach im Meer verschwindet.

Eine Nacht im Ebrodelta kann man auf dem einfachen kleinen **Campingplatz** Eucaliptus, nahe der Platja Eucaliptus, verbringen. Achtung: viele Mücken!

Carrer Eucaliptus, 43870 Amposta
campingeucaliptus.com

Temps de Terra nennt sich der kleine traumhafte **Gutshof**, gänzlich abgelegen in einem kleinen Tal. Neben dem kleinen Hofladen und einem Restaurant bietet Temps de Terra vor allem Zeit zum Ausspannen.

Partida de l'ametller s/n, Vall de Cabiscol, 43870 Amposta

AMPOSTA – HORTA DE SANT JOAN

Terres de l'Ebre: Rendezvous der Kulturen

In den südlichen Regionen Kataloniens prägt der Ebro seit Jahrhunderten das Leben der Menschen. Im Hinterland bieten alte Bäume und kleine Dörfer Ruhe und Abgeschiedenheit.

Vom Ebrodelta geht es nach Tortosa, die einst bedeutende Hafenstadt am Ufer des Flusses. In den Gewölben unter der Kathedrale erinnern zahlreiche Inschriften an die jüdische, maurische und christliche Kultur. Unter katalanischer Herrschaft blühte und wuchs das mittelalterliche Tortosa, strategisch günstig gelegen, mit Zugang zum Meer. Die Wege der Juden, Mauren und Christen kreuzten sich hier.

Mit ihren verwachsenen Stämmen blicken bei Ulldecona tausendjährige Olivenbäume auf ein langes Leben zurück. Immer wieder sprießen neue Triebe, und noch immer tragen die Bäume Früchte.

Auch im Parc Natural dels Ports, nur wenige Kilometer im Hinterland des Deltas, stehen noch uralte Bäume, die dazu einladen, die Lungen mit frischer Waldluft zu füllen und barfuß durch das weiche Moos zu laufen. In den Bergen des Naturparks schlängelt sich die Straße durch die malerische Landschaft bis nach Horta de Sant Joan. Olles, kleine Vertiefungen in den Felsen, bieten sich im Sommer zum Baden an. Picasso fand als junger Mann in Horta einen Platz, an dem er endlich seiner Kreativität freien Lauf lassen konnte. Ein paar Tage lang soll er mit einem Freund in einer Höhle gelebt und gemalt haben.

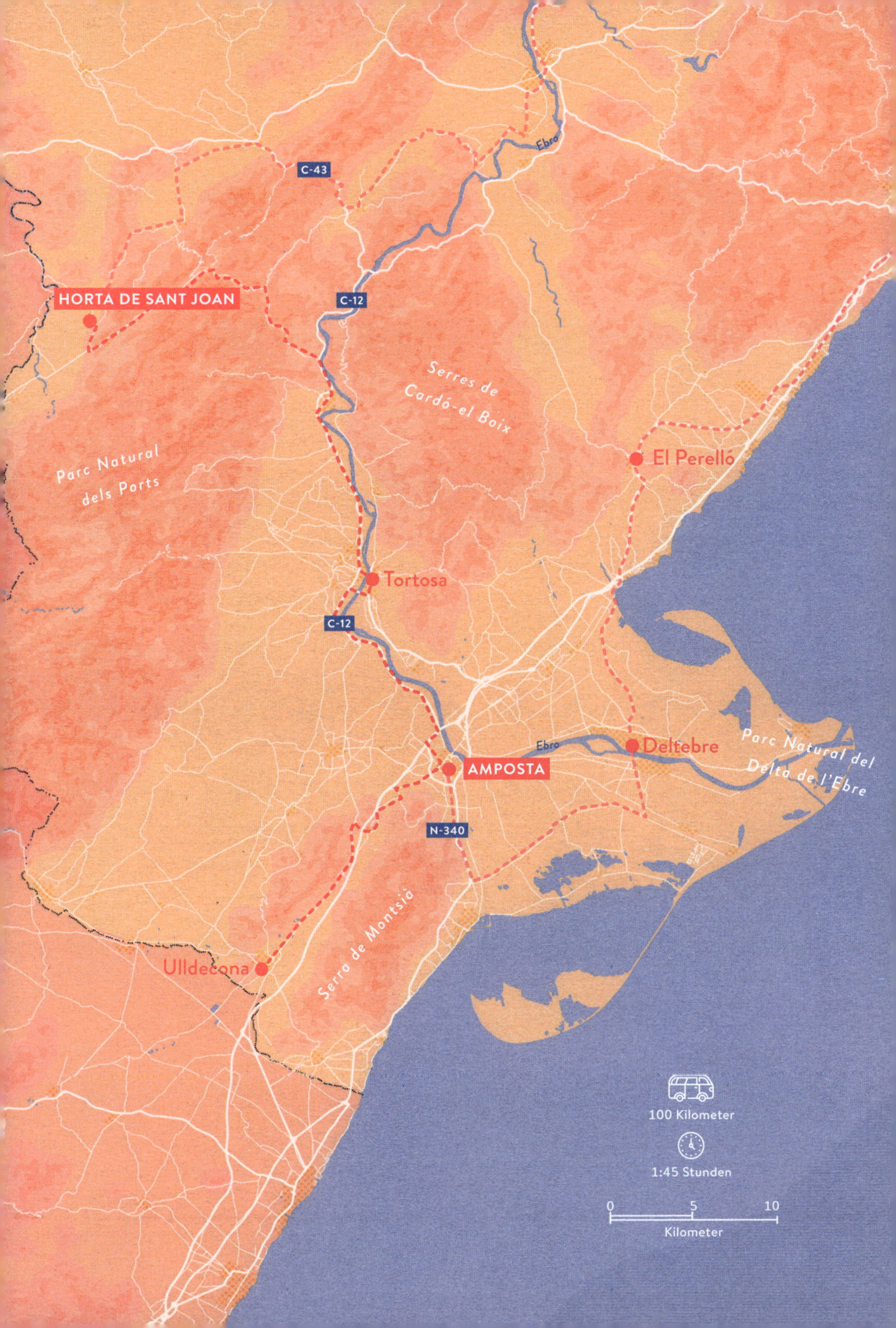

Ebro
C-43
C-12
HORTA DE SANT JOAN
Serres de Cardó-el Boix
El Perelló
Parc Natural dels Ports
Tortosa
C-12
Ebro
Deltebre
AMPOSTA
Parc Natural del Delta de l'Ebre
N-340
Serra de Montsià
Ulldecona
100 Kilometer
1:45 Stunden
0 5 10
Kilometer

Blick vom Castell auf die Kathedrale von Tortosa

ULLDECONA

Im Mittelalter erhob sich eine mächtige Burg auf dem Hügel vor Ulldecona. Doch die Tempelritter haben das Castell längst verlassen und Ulldecona ist heute ein verschlafenes kleines Dorf.

Ganz in der Nähe von Ulldecona befinden sich ein paar der **ältesten Olivenhaine** Kataloniens. Einige der Olivenbäume in den Oliveres Mil·lenàries de l'Arión wurden bereits gepflanzt, als das Dorf noch zum maurischen Kalifat gehörte. Die weit über tausend Jahre alten Ölbäume tragen bis heute Früchte. Das Öl, das aus diesen Oliven gewonnen wird, schmeckt sehr viel sanfter als die meisten Öle jüngerer Olivenbäume. Statt pfeffriger, würziger Noten verbreiten sich weiche, samtige Aromen auf der Zunge.

Anmeldung zum Besuch der Oliveres Mil·lenàries de l'Arión über das Touristenbüro Ulldecona.

Ganz in der Nähe der Ermita de la Pietat haben **Kletterer** in der Serra de Godall jede Menge Gelegenheiten, ihre Kräfte an den Felsen zu messen. Direkt an der Ermita liegt ein großer Parkplatz mit Toiletten, auch für Campervans.

Mehr als 1000 Jahre alte Olivenbäume

Auf der anderen Seite der kleinen Kapelle kann man das Centre d'Interpretació d'Art Rupestre besuchen, ein kleines Museum, das die steinzeitlichen **Felsmalereien** erklärt. Anschließend geht es direkt an der Felswand entlang zu den vielen Höhlen des Gebirgszuges, in denen sich schon vor Jahrtausenden Menschen trafen, um ihre Erlebnisse an den Wänden festzuhalten.

Landstraße zwischen Ulldecona und Tortosa, Km4
43550 Ulldecona

TORTOSA

Schon seit Urzeiten kreuzten sich an der Stelle, an der Tortosa liegt, die Wege verschiedener Kulturen. Dort, wo sich heute das Castell auf einem Hügel über der Stadt erhebt, befand sich einst die iberische Siedlung der Ilercavons. Die Römer nannten ihre Siedlung Dertosa, die Mauren nannten sie Turtuixa. Als das Kalifat von Córdoba, zu dem Tortosa lange Zeit gehörte, im 11. Jahrhundert zerfiel, wurde die Stadt eine eigene Taifa, bis Ramon Berenguer IV, Graf von Barcelona, die Stadt im 12. Jahrhundert eroberte. Die maurische Burg schenkte er den Templern, die ihm bei der Eroberung zur Seite gestanden hatten. Heute ist in einem Teil des Castell de la Suda ein Luxushotel untergebracht, die Aussicht von dort oben ist unglaublich.

Carrer del Castell de la Suda, 43500 Tortosa

Gegenüber des Centre d'Interpretació del Renaixement liegt das Reial Col·legi de Sant Jaume i Sant Maties. Ein Gebäude, das ursprünglich dazu vorgesehen war, zum Christentum konvertierte Juden und Muslime im christlichen Glauben zu unterrichten. Später waren hier Teile der Universität, eine Schule und heute schließlich das Historische Archiv untergebracht.

Carrer de Sant Domènec, 12, 43500 Tortosa

Die Fassade der **Kathedrale** von Tortosa ist zwar nie fertiggestellt worden, aber dafür birgt sie im Untergrund jede Menge Geheimnisse. Uralte Schätze aus den

Parc Natural dels Ports

verschiedenen Kulturen, die hier einst geherrscht haben und unterirdische Gänge, die im Spanischen Bürgerkrieg als Luftschutzbunker dienten, sind mindestens genauso interessant wie die reich geschmückten Kapellen im Kirchenschiff.

Eine **leckere Spezialität** aus Tortosa sind Garrofetes. Angeblich soll der Papa Luna (Papst Pedro Martínez de Luna y Gotor, der als Gegenpapst zu Benedikt XIII. in Avignon residierte) ganz verrückt nach den kleinen Keksen gewesen sein. Dieser Papst soll die runden Plätzchen in großen Mengen genossen und behauptet haben, sie seien gut für seine Gesundheit. Weil er 90 Jahre alt wurde, heißt es heute noch in Tortosa, dass jemand, der dir eine Tüte Garrofetes schenkt, dir ein langes und gesundes Leben wünscht.

PARC NATURAL DELS PORTS

Der Weg in die Wälder des Naturparks Els Ports ist steil und die Straße schlängelt sich in engen Kurven höher und höher hinauf. Doch hier oben gibt es noch ein paar Hektar unberührten Wald mit jahrhundertealten Bäumen. Perfekt zum **Waldbaden** oder meditativen Barfuß-Spaziergängen, zum Langsamwerden und Runterschalten. Guide Petra erklärt, wie der Wald atmet und kennt tolle Übungen, um tief in die Natur einzutauchen.

portsexperience.com/en

HORTA DE SANT JOAN

Hinter hohen Bergen und goldgelben Äckern liegt irgendwo das winzige Dorf Horta de Sant Joan. Vor mehr als hundert Jahren suchte Pablo Picasso hier als junger Mann Ruhe und Abgeschiedenheit. Er floh vor dem Erwartungsdruck seines Vaters und fand dort oben, fern der Menschenmassen, seinen eigenen Weg, den er von nun an gehen sollte. Als Picasso viele Jahre später abermals nach Horta de Sant Joan kam, floh er nicht mehr aus Barcelona, sondern aus Paris in die Einsamkeit. Doch dieses Mal brachten sein mondäner Lebenswandel und die weibliche Begleitung die Dorfbevölkerung in Aufruhr. Zwei Welten prallten aufeinander. Von diesem Kulturschock und wie die Aufenthalte Picassos Werk beeinflussten, erzählt Guide Jordi bei einem

Natürliche Wasserbecken in den Felsen

Kloster Sant Salvador

Spaziergang durch den kleinen Ort. Sehr lohnenswert, denn Jordi kennt all die Plätze, an denen der Künstler gelebt, geliebt und gefeiert hat.

Jordi: garbinada.eu/rutes-i-viatges/ruta-de-picasso

Im Centre Picasso kann man Nachbildungen der Gemälde sehen, die hier entstanden sind oder durch den Aufenthalt inspiriert wurden (keine Originale).

Carrer de l'Hospital, 43596 Horta de Sant Joan
centrepicasso.cat

Das verlassene Kloster Sant Salvador, das sich so malerisch an den Fuß des Hügels schmiegt, birgt Legenden und Geschichten der Tempelritter, die Guide Jordi auf seinen Touren erzählt.

garbinada.eu

Campervans finden einen großen **Stellplatz** mit tollem Blick auf das Convent de Sant Salvador.

Àrea d'autocaravanes d'Horta de Sant Joan
Carrer Dedicat al Medi Natural, 21
43596 Horta de Sant Joan

Familien finden eine nette Unterkunft in der Jugendherberge Els Olivers.

43596 Horta de Sant Joan, elsolivers.com

Mahnmale am Ufer des Ebros

Der Ebros ist ein Fluss mit Geschichte. An seinen Ufern kämpften im Spanischen Bürgerkrieg Menschen aus ganz Europa gegen das Vorrücken der aufständischen Truppen des Generals Franco.

Kraftvoll fließt der mächtige Ebro durch die Ribera d'Ebre. Im Mittelalter endete das christliche Europa genau hier, denn jenseits des Flusses erstreckte sich am anderen Ufer bereits das muslimische Kalifat von Córdoba im Süden der Halbinsel. Mächtige Burgen befestigten jahrhundertelang die Grenze der Marca Hispanica, bis der Graf von Barcelona Tortosa und andere Städte südlich des Ebros eroberte. Um die neue Grenze zu festigen, schenkte er die ehemals maurische Burg in Miravet den Tempelrittern, die bei der Eroberung geholfen hatten.
Überschattet wird die Geschichte des Flusses aber von einem Ereignis aus jüngerer Zeit: In der Ribera d'Ebre tobte während des Spanischen Bürgerkriegs eine der letzten und heftigsten Schlachten, die Batalla de l'Ebre, bei der sich die republiktreuen Kämpfer den aufständischen Truppen Francos entgegenstellten. Männer und Frauen aus aller Welt, auch Ernest Hemingway und George Orwell, kämpften vergeblich gegen die vorrückenden Faschisten. Nach der langen, blutigen Schlacht blieb nur ein verwüsteter Landstrich, der die Ereignisse von damals auch heute noch wie eine hässliche Narbe trägt. In Corbera d'Ebre ragen die Überreste der zerstörten Häuser aus unschuldigen Wiesen heraus. Mohnblumen blühen zwischen den Ruinen des Dorfes, das von einer deutschen Fliegerstaffel dem Erdboden gleichgemacht wurde.

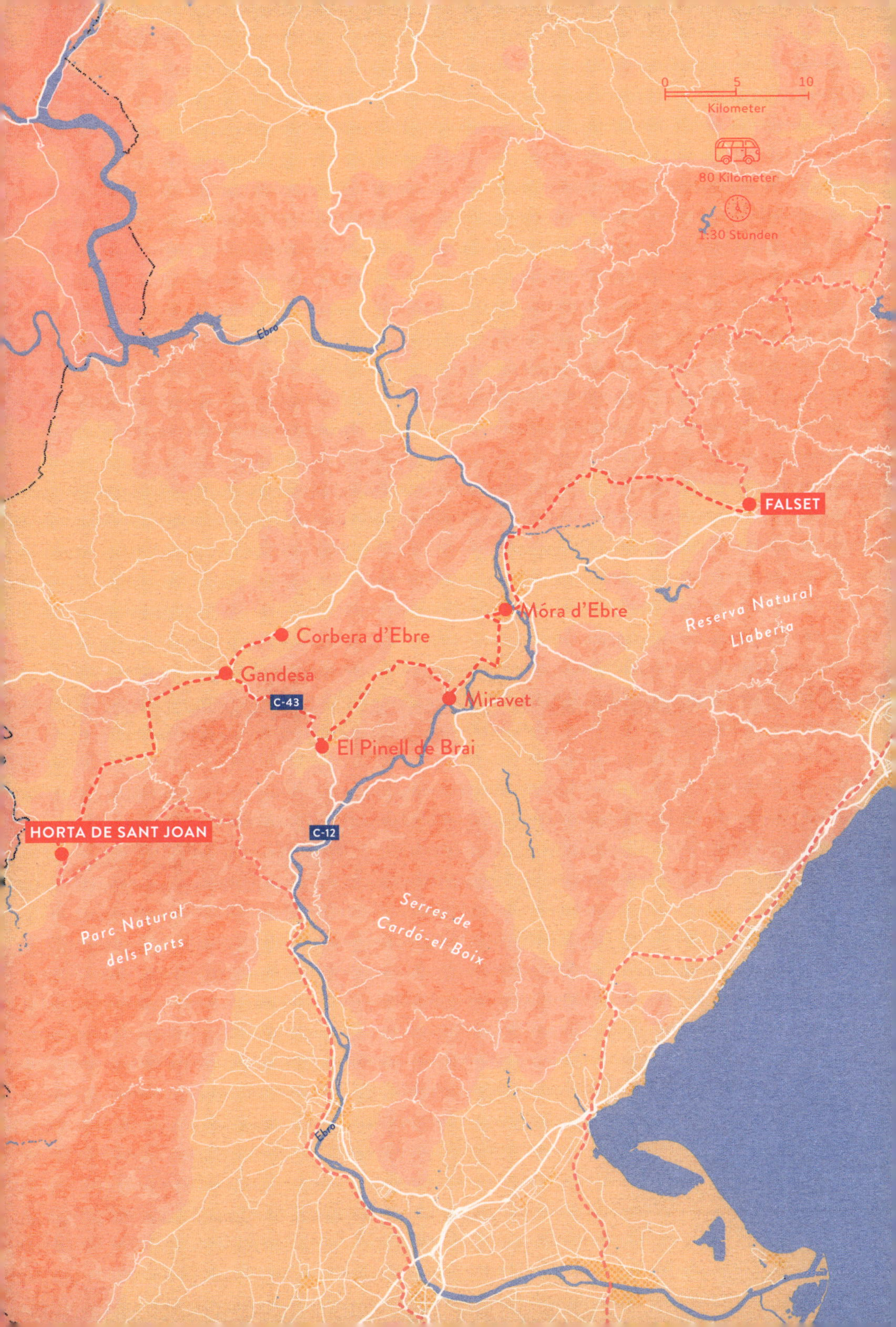

0 5 10
Kilometer
80 Kilometer
1:30 Stunden
Ebro
FALSET
Móra d'Ebre
Reserva Natural Llaberia
Corbera d'Ebre
Gandesa
C-43
Miravet
El Pinell de Brai
HORTA DE SANT JOAN
C-12
Parc Natural dels Ports
Serres de Cardó-el Boix
Ebro

GANDESA

Das modernistische Gebäude, in dem die Kooperative von Gandesa Wein herstellt und verkauft, soll von innen noch beeindruckender sein als von außen. Beim Bau halfen damals alle mit, die eine Schaufel halten konnten. Männer, Frauen und Kinder aus dem Dorf errichteten gemeinsam die **Catedral del Vi de Gandesa**. Geführte Besuche mit Verkostung.

Av. Catalunya, 28, 43780 Gandesa, coopgandesa.com

Mehr als einhundert Tage lang tobte 1938 eine der heftigsten und entscheidenden Schlachten des Spanischen Bürgerkriegs an den Ufern des Ebro, zwischen den Gebirgszügen Serra del Cavall Bernat und der Serra de Pàndols. Die Soldaten der gewählten Regierung verteidigten verzweifelt die Republik gegen die herannahenden Putschisten des nationalen Lagers um General Franco. Mit den Internationalen Brigaden kamen Menschen aus über fünfzig Ländern den Republikanern zu Hilfe, um gegen die Faschisten zu kämpfen. Einen Überblick über die Batalla de l'Ebre gibt das kleine **Museu Memorial**.

Avinguda de Catalunya, 3-5, 43780 Gandesa
museu-memorial-de-la-batalla-de-lebre.negocio.site

CORBERA D'EBRE

Mohnblumen tanzen zwischen den Ruinen im Wind. Nur die Kirche überlebte den Luftangriff auf Corbera d'Ebre halbwegs unbeschadet. Verbrannte Balken ragen aus zerstörten Häusern wie stumme Schreie. Auf dem kleinen Hügel herrscht eine Stille, die die Landschaft wie eine dicke Decke überzieht. Das Dorf bewahrt seine bewegte Geschichte schweigend. Gemeinsam mit der italienischen Luftwaffe und der Unterstützung der Artillerie legte die Legion Condor Corbera d'Ebre in Schutt und Asche. Zwischen dem 25. und dem 28. Juli 1939 stürzte ein Regen von Projektilen und Geschossen auf die kleine Gemeinde ein, bis nach drei Tagen kein Stein mehr auf dem anderen lag.

Poble Vell, 43784 Corbera d'Ebre

EL PINELL DE BRAI

Eine der vielen **Wein-Kathedralen** Kataloniens ist das modernistische Gebäude der Kooperative von Pinell de Brai. In den 80er Jahren gaben hier zwar viele Weinbauern ihre Weinstöcke auf, doch noch immer wird in den Tanks der Kooperative Wein produziert. Geführte Besuche mit Wein- und Ölverkostung sind möglich.

Carrer del Pilonet, 8, 43594 El Pinell de Brai
catedraldelvi.com

MIRAVET

In den frühen Morgenstunden des 25. Juli 1938 überquerten die Soldaten der Republikaner den Fluss, um auf der anderen Seite gegen die heranrückenden Franco-Truppen zu kämpfen. Viele Tage lang tobte die blutige Schlacht am Ebro. Doch schließlich waren es Francos Schergen, die dieses entscheidende Gefecht und damit auch den Bürgerkrieg für sich entscheiden konnten. Die Republikaner hatten gekämpft und verloren. Der Rest ist Geschichte. Erst Mitte der siebziger Jahre wurde Spanien mit dem Tod Francos von der Diktatur befreit.

An dem Anleger, von dem im Sommer kleine Ausflugsboote starten, fällt der Blick auf die bunten Häuser zu Füßen der mächtigen Burg. Lange Zeit herrschten die Tempelritter auf dem **Castell de Miravet**. Als Dank für ihre Hilfe bei der Eroberung von Tortosa hatte der Graf von Barcelona die Festung dem Orden geschenkt, der ihm in der Schlacht zur Seite gestanden hatte.

Miravet am Ebro

Klein aber hübsch sind die **Gästezimmer** im Palau de Miravet, dem ehemaligen Palau del Comanador, der mit seinem blauen Anstrich schon von Weitem zu erkennen ist.

Palau de Miravet, Carrer del Palau, 34
43747 Miravet, miravet.info/elpalaudemiravet

Am rechten Ufer des Ebro liegt der Fähranleger Pas de barca de Miravet, von dem aus man mit dem Auto den Ebro überqueren kann. Eine Rarität, denn solche Fähren gibt es in Katalonien sonst gar nicht mehr.

TV-3023 zwischen Miravet und der C-12 (Eix de l'Ebre)
43747 Miravet

FALSET

Nur 15 Minuten Autofahrt vom Kloster Escaladei entfernt liegt das Hostal Sport, ein kleines **Hotel** mit leckerer regionaler Küche und sehr nettem Service.

Miquel Barceló, 4-6, 43730 Falset
hotelpriorat-hostalsport.com

FALSET – MONTBLANC

Die Mönche und der Wein

Schon vor Jahrhunderten ließen sich Mönche in den abgeschiedenen Bergregionen nieder und bauten Wein an. Heute zählt das Priorat zu den bedeutendsten Weinanbaugebieten Kataloniens.

Hinter der Kapelle Sant Joan del Codolar ragen die Felsen wie eine Wand in den Himmel. Am Fuße des Montsant herrscht absolute Stille. Abgeschieden und glücklich lebt die Eremitin Montserrat seit über 40 Jahren allein inmitten der Natur. Dass der Montsant ein wunderbarer Ort ist, um sich Gott nahe zu fühlen, müssen auch die Mönche des Kartäuserordens gedacht haben, die vor vielen Jahrhunderten ganz in der Nähe ein Kloster errichteten. Dass diese Mönche die Ersten waren, die den Wein hierherbrachten, ist zwar eine Legende, doch wahr ist, dass diese bergige Region einige der besten Weine Kataloniens hervorbringt.
Während die schützende Felswand des Montsant im Rücken beruhigend wirkt, lässt die Aussicht vom Felsplateau in Siurana den Atem stocken. Unterhalb der Ruine einer einst mächtigen maurischen Burg liegt das winzig kleine Dorf einsam am Rande des Abgrunds. Siurana, damals Xiurana, war einer der letzten Orte des heutigen Kataloniens, den die christlichen Truppen des Grafen von Barcelona von den Mauren eroberten. Der Legende nach soll sich die maurische Prinzessin Abdelazia bei der Nachricht der heranrückenden Truppen auf ihrem Pferd in die Tiefe gestürzt haben, um nicht den Eroberern in die Hände zu fallen. Sie ritt gen Abgrund – und verschwand spurlos. Nur der Abdruck eines Pferdehufes blieb zurück.

Arbeca
C-14
Poblet
MONTBLANC
La Pobla de Cérvoles
Muntanyes de Prades
Prades
Parc Natrual de la Serra de Monsant
Valls
Cornudella de Montsant
Siurana
Escaladei
C-14
Reus
FALSET
El Masroig
Tarragona
Els Guiamets
Reserva Natural Llaberia
A-7
122 Kilometer
3 Stunden
0
5
10
Kilometer

D.O. MONTSANT UND D.O. PRIORAT

Die Weinhänge des Bergmassivs Montsant in der Comarca Priorat zählen zu den ältesten Weinbauregionen Kataloniens. Im Mittelalter entwickelte sich die Gegend zu einem bedeutenden Weinbaugebiet, dann wurde es eine Zeit lang still. Erst in den 80er Jahren erlebten die kräftigen Rotweine des Priorats einen erneuten Aufschwung. Sie werden heute mit der höchsten Qualitätsstufe ausgezeichnet. Wie ein breiter Ring umschließt das Anbaugebiet **D.O. Montsant** die Böden der Weinstöcke, die zum D.O.P. Priorat zählen. Oft sind die Weinreben

Kloster Escaladei

nur wenige Meter voneinander entfernt. Doch die Beschaffenheit des Bodens ist ausschlaggebend dafür, ob ein Weinstock zu der einen oder anderen D.O. gehört, da kann schon ein einziger Meter einen großen Unterschied machen.

ELS GUIAMETS

Vor dem Mirador de la Bassa erstreckt sich ein kleiner Stausee unten im Tal. Der Pantà dels Guiamets wurde in den siebziger Jahren angelegt und staut das Wasser mehrerer Bäche, die durch das Ebrobecken fließen. Hier oben liegen die Weinstöcke des **Weinguts La Placeta**. Quim und Mercè zählen mit ihren Weinen zu den kleinsten Weingütern des Montsant. Vom Pflücken der Trauben, über die Herstellung des Weins bis hin zur Abfüllung wird hier alles in Handarbeit erledigt.

Carrer Carretera, 19, 43777 Els Guiamets
cellerlaplaceta.com

EL MASROIG

Der **Celler Masroig** ist Ölmühle und Weinkooperative zugleich. In der Agrobotiga werden die hier produzierten Öle und Weine verkauft. Bei einer Besichtigung kann man die Ölmühle, die Weinberge und den beeindruckenden Keller mit seinen unterirdischen Gewölben besuchen. Besonders interessant ist die Verkostung der Olivenöle.

Passeig de l'Arbre, 3, 43736 El Masroig
cellermasroig.com

ESCALADEI

Der Legende nach sollen die Mönche auf der Suche nach einem geeigneten Platz, um ein Kloster zu bauen, einen Hirten getroffen haben. Der erzählte ihnen von seinem seltsamen Traum. Jedes Mal, wenn der Hirte unter einer alten Kiefer ein Nickerchen hielt, träumte er, dass die Engel vom Stamm des Baumes, unter dem er schlief, auf einer endlos scheinenden Leiter in den Himmel hinaufstiegen. „Leiter zu Gott“, Escaladei, nannten die Mönche daraufhin diesen Ort und bauten genau an dieser Stelle ihr Kloster. Die Kartäusermönche führten ein einfaches Leben in Stille. Nur an bestimmten Tagen trafen sie sich zum

Siurana

gemeinschaftlichen Gebet. Die **Ländereien der Cartoixa d'Escaladei** wuchsen und gediehen so prächtig, dass der Herrscher den frommen Männern auch die umliegenden Dörfer schenkte und die gesamte Gegend bald das Priorat genannt wurde.

Cartoixa de Santa Maria d'Escaladei
43379 Escaladei – La Morera de Montsant

CORNUDELLA DE MONTSANT

Eine der modernistischen Wein-Kathedralen Kataloniens ist das Gebäude der Kooperative der **Weinbauern** von Cornudella de Montsant. Außer der Kooperative gibt es auch einen Weinbauern, der sehr erfolgreich seine eigenen Weine verkauft: el Celler Ronadelles. Cap de Ruc, der Eselskopf, ist die bekannteste, aber nicht die einzige Produktionslinie. Auf den verschiedenen Böden des D.O. Montsant wachsen unterschiedliche Trauben heran, aus denen hochwertige Weine entstehen. Die edlen Tropfen des erst 2002 gegründeten Weinguts lagern in Kellergewölben im Dorf, wo sie langsam in Eichenfässern heranreifen.

ronadelles.com/en

Nur wenige Kilometer von Cornudella de Montsant liegt die **Ermita Sant Joan del Codolar**. Dort lebt eine ganz besondere Frau, die Nonne Montserrat Domingo. Sie liebt die Menschen, das Leben und die Natur. Die über 80 Jahre alte Nonne ist komplett anders, als diese Bezeichnung vermuten lässt. Eine fröhliche vitale Frau, die sich vor vielen Jahren für das einsame Leben am Fuße des Montsant entschieden hat und lieber auf Instagram postet, als auf Twitter zu schreiben. Der Wanderweg der Kartäuser führt an ihrer Ermita vorbei.

Instagram: @mmontserratdomingo
Wanderweg: elcami.cat

SIURANA

Die Aussicht auf die Berge und Täler ringsum ist einfach atemberaubend. Mittelalterliche Häuser säumen enge Gassen, die hier unweigerlich in den Abgrund führen. Die Überreste der maurischen Burg, die von hier aus jahrhundertelang die Täler beherrschte, sind noch gut zu erkennen.

Siurana ist ein **Mekka für Kletterer**. Felsen mit Schwierigkeitsstufen von einfach bis zu 9b (La Capella) ziehen Profis und Familien an die steilen Wände. Bester zentral gelegener

Zeltplatz für Kletterrouten ist Camping Siurana, dessen Besitzer selbst leidenschaftlicher Kletterer ist. In dem kleinen Restaurant gibt es rustikale Küche.

campingsiurana.com

PRADES

Auf 900 Meter Höhe gelegen ist schon der Weg hierher ein kleines Erlebnis. Unweit von Prades wächst und gedeiht sogar grüner Hopfen. Im Ort angekommen, geht es durch das mittelalterliche Stadttor auf einen kleinen Platz, auf dem ein besonderer Brunnen steht. Bis vor Kurzem sprudelte hier einmal im Jahr Cava aus den Hähnen. Da sich einige maßlos daran bedienten, wurde er wieder abgedreht. Aber auch das Wasser schmeckt an einem heißen Tag einfach köstlich.

LA POBLA DE CÉRVOLES

Bunte, moderne und exzentrische Kunstwerke strahlen inmitten der Weinberge des Celler Mas Blanch i Jové. Das Weingut bietet Besichtigungen an.

25471 La Pobla de Cérvoles, masblanchijove.com

Das Ecomuseu de l'Oli ist eine gut erhaltene Ölmühle, die zeigt, wie vor vielen Jahrhunderten das Öl aus den Oliven gepresst wurde.

25471 La Pobla de Cérvoles

POBLET

Als ein bedeutendes Symbol katalanischer Identität gilt das **Monestir Santa Maria de Poblet**, eines von drei Zisterzienserklöstern, das 1153 gegründet wurde. Das Kloster entwickelte sich prächtig und wurde im Mittelalter zum Pantheon zahlreicher gekrönter Häupter des katalanisch-aragonesischen Reiches. Nach diversen Plünderungen des Klosters waren weite Teile der Anlage zerstört, wertvolle Schätze gingen verloren. Dem Einsatz des konservativ-katholischen Antoni Gaudí und seinem Freund Eduardo

Kloster Poblet

Montblanc

Toda war es zu verdanken, dass zu Beginn des letzten Jahrhunderts schließlich die Arbeiten zur Restaurierung des Klosters begannen. Den Restauratoren ging es damals allerdings weniger um eine historisch korrekte Wiederherstellung der Gebäude, als darum, ein Bild der mittelalterlichen Pracht des Klosters zu vermitteln. Seit 1940 lebt wieder eine Gemeinschaft Zisterziensermönche im Kloster.

43448 Poblet, larutadelcister.info

MONTBLANC

Das mittelalterliche Dörfchen Montblanc ist besonders für die Feier zu Ehren des Heiligen Georgs bekannt. Einmal im Jahr verkleidet sich der ganze Ort um den 23. April herum, um die Geschichte von **Sant Jordi**, dem Drachentöter, nachzuspielen. Ritter und Drachen tanzen dann durch die Gassen und am Ende wird die Prinzessin natürlich gerettet.

Die alte Stadtmauer ist erstaunlich gut erhalten und zeugt davon, wie gut Montblanc einst befestigt gewesen sein muss. Auch die Größe der Església Santa Maria zeigt, wie bedeutend der kleine Ort im Mittelalter war. Dank reicher Spendengelder begann man im 14. Jahrhundert mit dem Bau eines prächtigen Gotteshauses. Es folgten schlechte Ernten und die Pest wütete. Die Fertigstellung wurde immer wieder verschoben und lange blieb die Kirche unvollendet. Erst im 16. Jahrhundert wurde die Santa Maria schließlich geweiht.

In der **Pastisseria Viñas** gibt es nicht nur leckere Mandelspezialitäten, sondern auch kühle Orxata. Die machen sie hier allerdings nicht nur aus Erdmandeln, den traditionellen xufes, sondern auch aus Haselnüssen und Mandeln. Nach der Reblaus-Krise, die sämtliche Weinberge vernichtet hatte, war man von hier bis Reus erfolgreich dazu übergegangen, Mandeln und Haselnüsse anzubauen.

Pastisseria Confiteria Viñas, Carrer Major, 47
43400 Montblanc

Eine Landschaft für den Gaumen

Hinter den Gebirgszügen der Kordilleren, die die Küste in scheinbare Ferne rücken, geht es ruhig zu. Hier gehört die Landschaft Oliven, Wein und Mandel- und Obstbäumen.

Einmal im Jahr verwandelt sich die Ebene vor den Toren Lleidas in ein spektakuläres Farbenmeer. Wenn die Blüten an den Zweigen der Pfirsichbäume in zartem Altrosa, romantischem Magenta, frechem Pink oder dezentem Fuchsia sprießen, gleicht die Landschaft einer traumhaften Fantasiewelt. Millionen Blütenblätter tauchen die Äcker und Felder zwischen den kleinen Dörfern in weiche Pastelltöne und die leuchtenden Reihen der Pfirsichbäume erstrecken sich bis zum Horizont. Prächtig gedeihen kurz vor den Toren Lleidas neben Pfirsichen auch Nektarinen und Préssecs plans, die kleinen, platten Pfirsiche. Zwischen all dem Rosa findet man immer wieder Mandelbäume und Olivenhaine, die vor vielen Jahrhunderten die Landschaft prägten. Schon die Mauren, die 700 Jahre in der Gegend um Lleida herrschten, nannten die Gegend um Arbeca Az-Azeytun, das Land der Olivenbäume, weil die genügsamen, langlebigen Bäume sich hervorragend an die trockene Umgebung anpassen. Eine bestimmte Sorte dieser Ölbäume bringt eher kleine Früchte mit feinem Geschmack hervor. Da genau diese Oliven hier besonders gut gedeihen, heißen sie Arbequines.

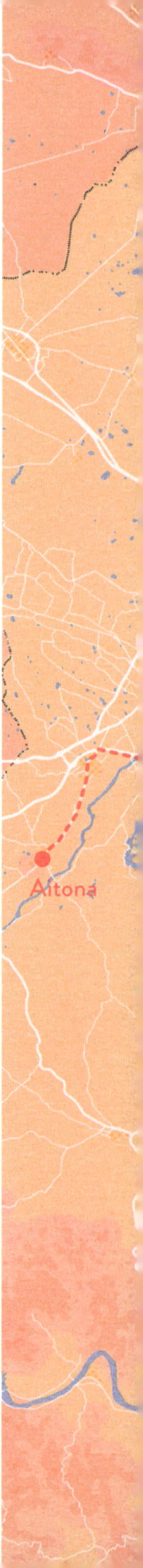

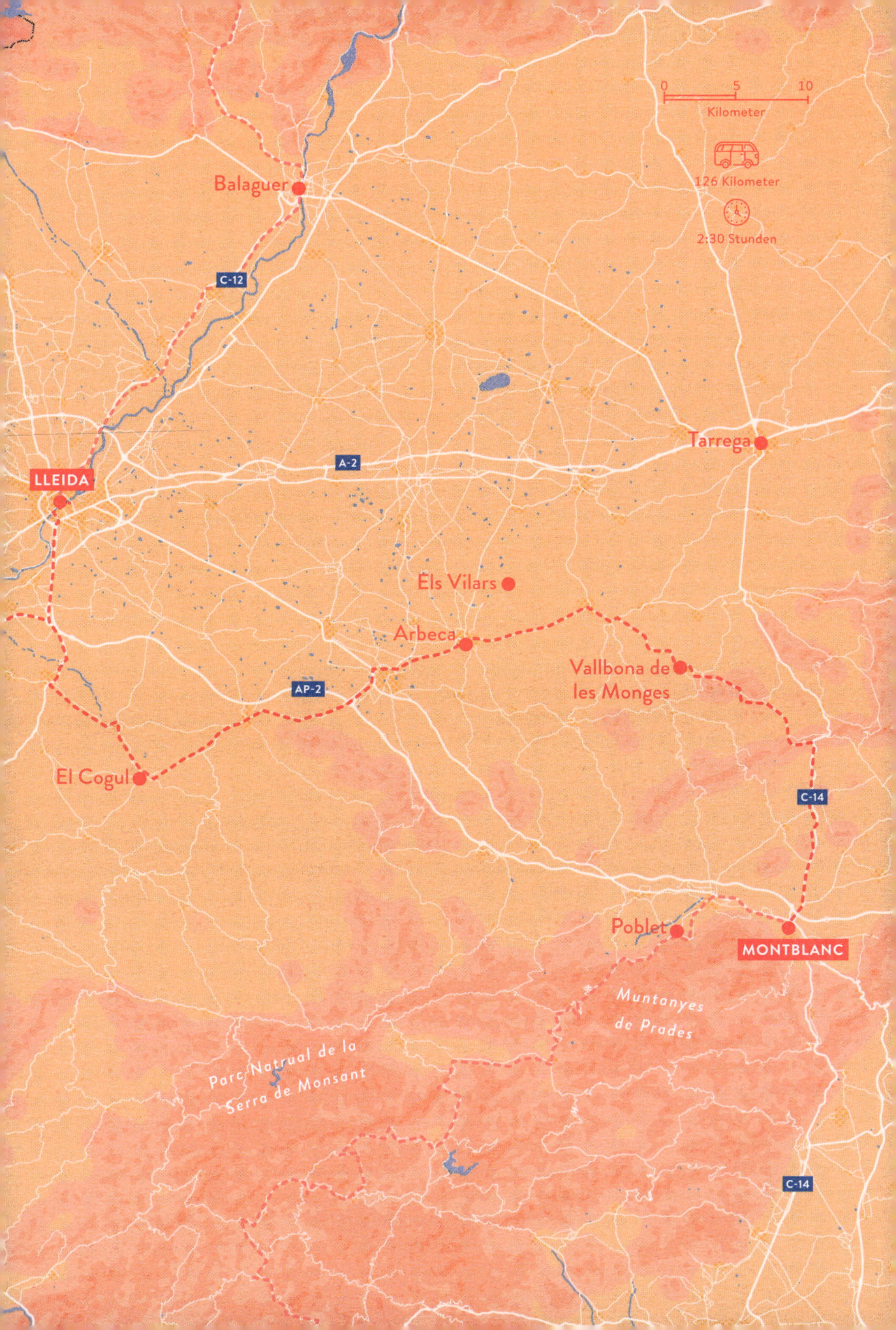
0
5
10
Kilometer
126 Kilometer
2:30 Stunden
Balaguer
C-12
Tarrega
A-2
LLEIDA
Els Vilars
Arbeca
Vallbona de
les Monges
AP-2
El Cogul
C-14
Poblet
MONTBLANC
Muntanyes
de Prades
Parc Natural de la
Serra de Monsant
C-14

VALLBONA DE LES MONGES

Warmes Licht flutet am Nachmittag durch die runden Öffnungen im Kreuzgang. Ein Geruch von kaltem Stein und alten Mauern erfüllt die Räume des Klosters. In einem ehemaligen Schlafsaal des Monestir Vallbona de les Monges ist eine historische **Kräuterapotheke** eingerichtet. Mittels einer gut gemachten Videoprojektion kann man den mittelalterlichen Nonnen bei der Zubereitung von Salben und Tinkturen zusehen. Bis heute leben Nonnen in dem alten Kloster und verdienen mit dem Verkauf von Souvenirs ihren Lebensunterhalt.

Carrer Major, 25268 Vallbona de les Monges
monestirvallbona.cat/en

ARBECA

Nach dem kleinen Dorf in der Nähe von Lleida ist eine der **beliebtesten Olivensorten** benannt: die kleinen, feinen Arbequines. Schon die Mauren nannten die Gegend Az-Azeytun, das Land der Olivenbäume. Der spezielle, recht kleine, rundliche Olivenbaum soll erst im 15. oder 16. Jahrhundert aus Griechenland hierhergebracht worden sein. Da die kleinen Früchte aber sehr wohlschmeckend waren, ließen immer mehr Landbesitzer diese spezielle Sorte von den Bauern anpflanzen. Der Legende nach soll ein Baron seinen Leuten versprochen haben, jeden, der diese Ölbäume anpflanzte, reich zu belohnen. Die Bauern pflanzten an, doch das Versprechen wurde gebrochen. Der Siegeszug der kleinen Olive war jedoch nicht mehr aufzuhalten.
Das Tourismusbüro befindet sich im Gebäude der alten Kooperative, dort kann man das Olivenöl verkosten.

Cooperativa l'Arbequina, 25140 Arbeca
arbecaturisme.cat/experiencia/visites-sucades-amb-oli

Das iberische Dorf **Els Vilars** bei Arbeca war eine uneinnehmbare Festung. Ein ausgeklügeltes Grabensystem, zwölf massive Türme und dicke, hohe Mauern schützten die Bewohner der kleinen Siedlung vor Angriffen. Im 8. Jahrhundert vor Christus bedeuteten diese erstaunlichen Konstruktionen äußerst wirksame Sicherheitsmaßnahmen. Die Ilergetes (einer von zahlreichen iberischen Stämmen) lebten von Ackerbau und Viehzucht, trieben Handel mit Griechen und Phönizern.

Fortalesa Els Vilars, Camí dels Vilars, 25140 Arbeca
patrimoni.gencat.cat/es/coleccion/la-fortaleza-de-els-vilars

EL COGUL

Eines schönen Tages im Jahre 1908 ging der Dorfpfarrer des kleinen Ortes El Cogul in den Wiesen und Wäldern spazieren, als er unter einem Felsvorsprung steinzeitliche Malereien entdeckte.

Roca dels Moros, Camí d'El Cogul a Albagès, km1
25152 El Cogul
rutadelartrupestre.cat/ca/Centres-d-interpretacio/Centre-d-Interpretacio-d-Art-Rupestre-de-la-Roca-dels-Moros-del-Cogul

AITONA

Zwischen Februar und April verwandeln die Pfirsichbäume die Landschaft in eine Welt aus rosa Blüten. Dörfer wie Aitona, Sosa und Montoliu de Lleida, die die Hauptanbauorte für Pfirsiche und Nektarinen sind, organisieren Aktivitäten und Ausflüge in die Welt der Blüten.

25182 Aitona, fruiturisme.info

LLEIDA

Ein wenig versteckt liegen im Zentrum Lleidas modernistische Paläste, das ehemalige Hospital de Santa Maria mit dem gotischen Innenhof oder der mittelalterliche Palau de la Paeria, das heutige Rathaus der Stadt.

Auf dem Hügel Turó de la Seu Vella überragt die ehemalige Kathedrale die Dächer der Stadt. Nachdem jahrzehntelang eine Kaserne in dem Gotteshaus untergebracht war, steht das Kirchenschiff mit seiner

La Seu - Lleida

beeindruckenden Kuppel heute leer. Bis ins Mittelalter lag rund um die Kirche auf dem Hügel das Zentrum Lleidas. Doch die Häuser mussten dem Ausbau der Burg weichen. Die Leute siedelten sich zu Füßen des Hügels an, wo auch das heutige Lleida liegt. Sieben Jahrhunderte herrschten die Mauren von hier oben über die Gegend. Als dem letzten Kalifen von Córdoba sein Reich von den Berbertruppen Almansors entrissen wurde, suchte der vertriebene Herrscher hier Zuflucht. Schließlich eroberte der Graf von Barcelona die Burg und La Suda wurde mittelalterlicher Königspalast.

Plaça Hispanoamèrica, 1, 25004 Lleida, turoseuvella.cat

Etwas außerhalb der Stadt, von einem grünen Hügel aus, eroberte Ramon Berenguer IV im Jahr 1149 das unter maurischer Herrschaft stehende Lleida. Nach gewonnener Schlacht schenkte er den Tempelrittern das Land auf dem Hügel. Inmitten grüner Wälder und Wiesen, mit Blick auf Lleida und den Turó de la Seu Vella, bauten die Soldaten des Ordens hier ihre **Festung**, die Casa Templaria de Gardeny.

Castell Gardeny, Turó de Gardeny, 25194 Lleida

In dem kleinen **Restaurant** Celler del Roser wird eine kulinarische Spezialität der Region serviert, cargols a la llauna, gegrillte Schnecken.

Carrer Cavallers, 24, 25002 Lleida, cellerdelroser.com

In einem ehemaligen Kloster ist das **Luxushotel** Parador del Roser untergebracht. Nach der Übernachtung gibt es ein ungewöhnliches Frühstück in dem ganz in Weiß gehaltenen Kirchenschiff.

Parador del Roser de Lleida, Carrer Cavallers, 15
25002 Lleida

Filmtipp: Der von der Regisseurin Carla Simón in den Dörfern um Lleida gedrehte Film „Alcarràs" gewann auf der Berlinale 2022 den Goldenen Bären. Der Film handelt von einer Familie, deren gepachtete Pfirsichplantage einem Solarpark weichen soll.

LLEIDA – LA SEU D'URGELL

Vom wilden Westen in die Pyrenäen

Durch wilde Schluchten geht es hinauf zu den höchsten Gipfeln der Pyrenäen, auf denen selbst im Sommer noch Schnee liegt. Auf den Sommerweiden grasen Kühe, Pferde und Schafe, und in den Tälern liegen mittelalterliche Dörfer und romanische Kirchen mit jahrhundertealten Kunstwerken. Aus der Milch der Schafe und Kühe wird Käse hergestellt, aus den Eiern der Störe wird Kaviar der Pyrenäen. Bergwanderungen führen auf einsame Gipfel oder auf den Montsec, wo die Sterne am nächtlichen Himmel besonders hell leuchten.

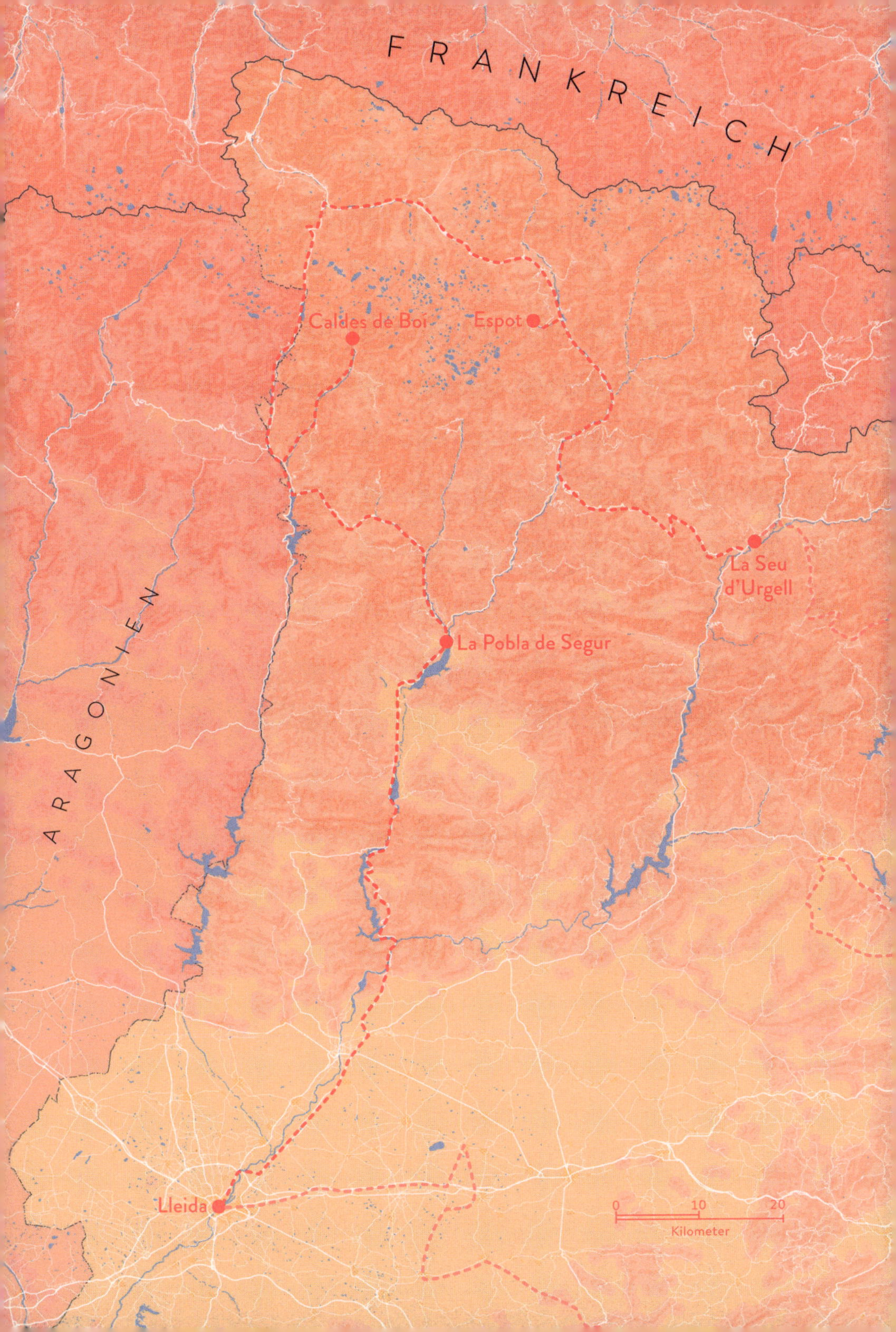
FRANKREICH
ARAGONIEN
Caldes de Boí
Espot
La Seu
d'Urgell
La Pobla de Segur
Lleida
0
10
20
Kilometer

LLEIDA – LA POBLA DE SEGUR

Der wilde Westen Kataloniens

Wild geht es im äußersten Westen zu. Wie am Klondike, als Trapper und Glücksritter dort Nuggets im Fluss suchten, wird auch in Balaguer nach Gold geschürft.

Natürlich geht es in Katalonien gesitteter zu als im Amerika des vorletzten Jahrhunderts, aber am Riu Segre dürfen Kinder und Erwachsene im Centre d'Interpretació nach dem glänzenden Metall schürfen.
Atemberaubend ragen hohe Felsen zu beiden Seiten der Schlucht von Mont-rebei steil in den Himmel, während auf dem Wasser das Kajak lautlos zwischen den steinernen Wänden hindurchgleitet. In 500 Metern Höhe führt ein extrem schmaler Weg direkt an den Felsen entlang. Kein Geländer schützt vor einem Sturz in die Tiefe, lediglich ein Handlauf gibt den Wanderern Halt. Der Weg durch die Schlucht sieht zwar enger und spektakulärer aus, als er ist, aber schwindelfrei sollte man schon sein.
Aufregend still wird es im Observatorium, wenn die Kuppel den Blick auf den nächtlichen Sternenhimmel freigibt. Weitab von den großen Städten, ähnlich wie einst in den wilden Weiten Amerikas, gibt es im Montsec keine Lichtverschmutzung. Der Blick in den Himmel zaubert den Beobachtern ein strahlendes Lächeln ins Gesicht. Alle Augen funkeln vor Glück, denn die Gegend gehört zu den wenigen Starlight Reserves, in denen die Sterne schöner leuchten als anderswo.

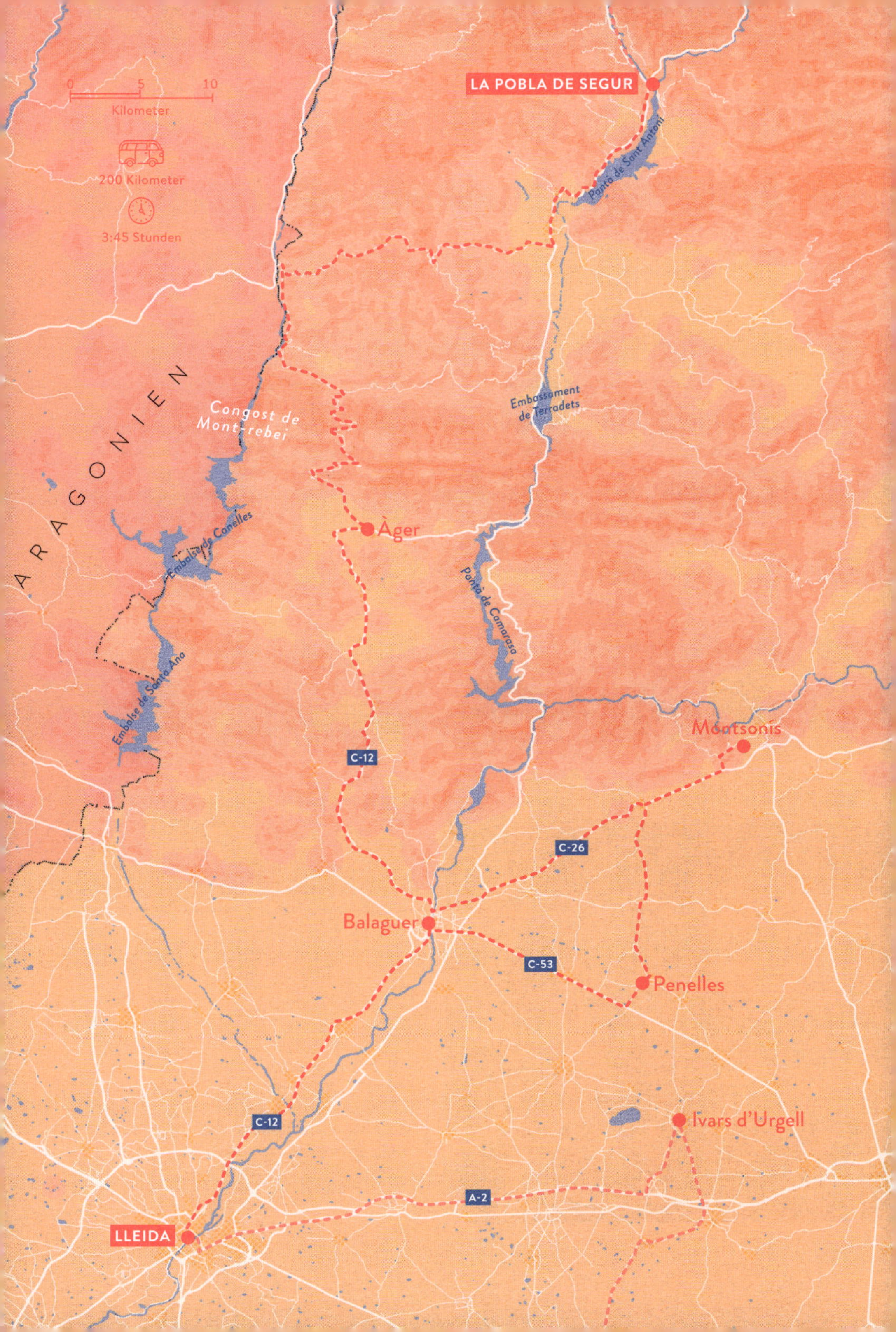

0 5 10
Kilometer
200 Kilometer
3:45 Stunden
LA POBLA DE SEGUR
Panta de Sant Antoni
ARAGONIEN
Congost de Mont-rebei
Embassament de Terradets
Embalse de Canelles
Àger
Panta de Camarasa
Embalse de Santa Ana
Montsonís
C-12
C-26
Balaguer
C-53
Penelles
Ivars d'Urgell
C-12
A-2
LLEIDA

BALAGUER

Das **Museu de la Noguera** duftet nach Orangenblüten, Nelken und Gewürzen. Die Ausstellung beschäftigt sich mit dem maurischen Ursprung der Stadt und erzählt aus der Sicht der vertriebenen Mauren die Geschichte Balaguers – von der Gründung der Siedlung Medina Hisn Balagi bis zur Eroberung durch die christlichen Truppen des Grafen von Barcelona.
Eine besondere Aktivität des Museums ist das Gold schürfen im Riu Segre, der mitten durch Balaguer fließt. Im Winter lernen Kinder (und Erwachsene) im Centre d'Interpretació de l'Or, wie die Goldsuche funktioniert, im Sommer wird direkt im Fluss nach kleinen Goldklumpen gesucht.

Plaça dels Comtes d'Urgell, 5, 25600 Balaguer
museucn.com

Die Häuser der maurischen Stadt zerfielen. Nur die Überreste des Castell Formòs und die Ausgrabungsstätte Pla d'Almatà auf dem Hügel neben Balaguer zeugen noch von der einstigen Größe der Siedlung. Bei einem Spaziergang auf der alten Stadtmauer ist der Blick über die Dächer Balaguers beeindruckend.

Weinkeller

PENELLES

Schöner Umweg: Der kleine Ort Penelles hat sich Ungewöhnliches einfallen lassen, um Besucher hierherzulocken. Jedes Jahr im Mai wird ein großes **Street-Art-Festival** organisiert, bei dem Künstler aus aller Welt leere Wände mit ihren Werken verschönern.

gargarfestival.com

Eines der Weingüter der D.O. Costers del Segre ist Castell del Remei. Statt eines milden mediterranen Klimas bestimmt das Wetter der Berge den Reifungsprozess der Trauben. Durch den großen Unterschied von Tages- und Nachttemperaturen reifen die Früchte hier langsamer als im Penedès oder Priorat. Es entstehen intensive Weine, in denen man die Landschaft förmlich schmeckt.

Finca Castell del Remei, 25333 Penelles

CONGOST DE MONT-REBEI

In 500 Meter Höhe führt ein besonderer Wanderweg durch den Congost de Mont-rebei. Direkt in die Felswand gehauen ist dieser Weg nichts für Leute mit Höhenangst. Ein Geländer gibt es nicht. Lediglich ein schmaler Draht dient zum Festhalten. Gänsegeier und Steinadler kreisen in der Luft, während unten im Fluss orange, blaue und leuchtend rote Kajaks auf dem ruhigen Wasser dahingleiten.
Die spektakuläre Schlucht liegt genau auf der Grenze zwischen Katalonien und Aragon. Die Wanderung durch die Schlucht beginnt in der Regel an einem der Parkplätze an den Enden dieser Engstelle (La Masieta oder La Pertusa). Statt hin- und zurückzuwandern, ist es schöner, eine Richtung durch die Schlucht zu Fuß zu gehen und zurück das Boot zu nehmen. Kajak- und Bootstouren werden entsprechend angeboten.

montsecactiva.com

ÀGER

Die nächtlichen Sternbilder zu betrachten, ist ein aufregendes Erlebnis, besonders wenn keine Lichtverschmutzung den Blick auf das Himmelszelt trübt. Der Montsec ist einer dieser Orte, die einen ganz klaren Blick auf das Firmament ermöglichen und daher zu den anerkannten Starlight Reserves gehören. Weil der Nachthimmel hier so schön strahlt und nur selten Regenwolken die Sicht verdecken, stehen im **Parc Astronòmic** des Montsec einige der besten Teleskope Kataloniens.

Camí del Coll d'Ares, s/n, 25691 Àger, parcastronomic.cat

Ein stilles Kloster, umgeben von Feldern und Weinbergen, ist die perfekte **Unterkunft**, um sich am Abend auf den Weg ins nahegelegene Observatorium zu machen. Vorher bietet das Restaurant sogar noch ein passendes Sternen-Menü mit blauen Riesen, Venuskrater, Mitternachtssonne und einer Kollision der Galaxien an. Die Zimmer sind sehr einfach und schlicht, aber wirklich nett. Es gibt sogar eine Kaffeemaschine. Auch zum Congost de Mont-rebei ist es von hier aus nicht weit.

25612 Monestir d'Avellanes, monestirdelesavellanes.com

MONTSONÍS

Schöner Umweg: Nebelschwaden ziehen im Tal über die Felder dahin, während die ersten Sonnenstrahlen ein romantisches Licht auf den Burgturm werfen, der in der Morgensonne leuchtet. Eigentlich besteht der kleine Ort nur aus wenigen Häusern und dem Castell, einer Burg aus dem 11. Jahrhundert. Die Säle sind vollgestopft mit Rüstungen, dicken Teppichen, alten Möbeln, Uniformen und privaten Fotos der Familie des Barons von Albi, die das obere Geschoss noch immer bewohnt. Es gibt sogar einen Geheimgang, der früher bis zum Santuari de la Mare de Deu unten im Tal führte.

Castell de Montsonís, Plaça del Castell, s/n
25737 Montsonís, Koordinaten: 41.887391, 1.022427

Congost de Mont-rebei

Monestir d'Avellanes

Das verlassene Kloster, das einst über den längst eingestürzten Tunnel von der Burg aus erreichbar war, ist das Santuari de la Mare de Deu de Salgar. Das uralte Felsenkloster, das aus zahlreichen Nischen und Höhlen in der Felswand bestand, beherbergte früher Pilger. Bis ins 19. Jahrhundert pflegten die hier lebenden Nonnen Kranke und nahmen wandernde Pilger auf.

Santuari de la Mare de Deu de Salgar
25737 Foradada

LA POBLA DE SEGUR

La Pobla de Segur ist die Endstation der Strecke des **Tren dels Llacs**. Vier kleine Bergseen verbindet die Bahnstrecke, die in Lleida startet und bis hierher führt. Sant Llorenç de Mongai, Camarasa, Terradets, Sant Antoni und jede Menge Landschaft gibt es wahlweise aus einem historischen Zug oder dem modernen Panoramazug zu sehen.

trendelsllacs.cat

Lange bevor die Bahnstation errichtet wurde, war der Fluss die wichtigste Verkehrsverbindung. Der Espai Raier erzählt, wie das Leben hier zu Zeiten der Flößer funktionierte.

Plaça de les Pobles, 25500 La Pobla de Segur, elsraiers.cat

Santuari de la Mare de Deu de Salgar

Bunte Bilder an der Wand

Unbeschadet von Tumulten und Zerstörungen durch Schlachten und Kriege konnten in der Abgeschiedenheit der Dörfer des Vall de Boí romanische Kunstwerke beinah tausend Jahre überstehen.

Dort, wo heute der Aussichtszug Tren dels llacs endet, begann einst die Welt der Flößer. Lange Zeit lebten die Menschen in den Wäldern vom Holz, das sie auf den Flüssen des heutigen Naturschutzgebietes Vessants de la Noguera Ribagorçana talabwärts transportierten.
Auf Mauleseln erreichte eine Gruppe intellektueller Wanderer Anfang des zwanzigsten Jahrhunderts die kleinen Dörfer im Vall de Boi. Mit von der Partie war Puig i Cadafalch, neben Gaudí einer der bekanntesten modernistischen Architekten. In Barcelona herrschte damals Aufbruchstimmung. Es war die Zeit des Modernisme, die in Barcelona eng mit einer romantischen Bewegung einherging, der katalanischen Renaixença. Die Katalanen erinnerten sich ihrer Wurzeln, restaurierten historische Bauten und Kunstwerke. Katalanische Kultur und Sprache erlebten einen neuen Höhepunkt. Vor diesem Hintergrund schickte das Institut d'Estudis Catalans eine Expedition in die entlegensten Winkel Kataloniens, um eine Bestandsaufnahme des historischen Kulturerbes zu machen. Um die Wandmalereien der alten romanischen Kirchen zu erhalten und einfacher zugänglich zu machen, wurden sie sorgfältig abgetragen und nach Barcelona transportiert, wo sie wohltemperiert und gut sichtbar im Museum (MNAC) ausgestellt wurden. Ihrer bunten Schätze „beraubt“, mussten sich die Menschen einiges einfallen lassen, damit die schönen alten Kirchen nicht leer stehen.

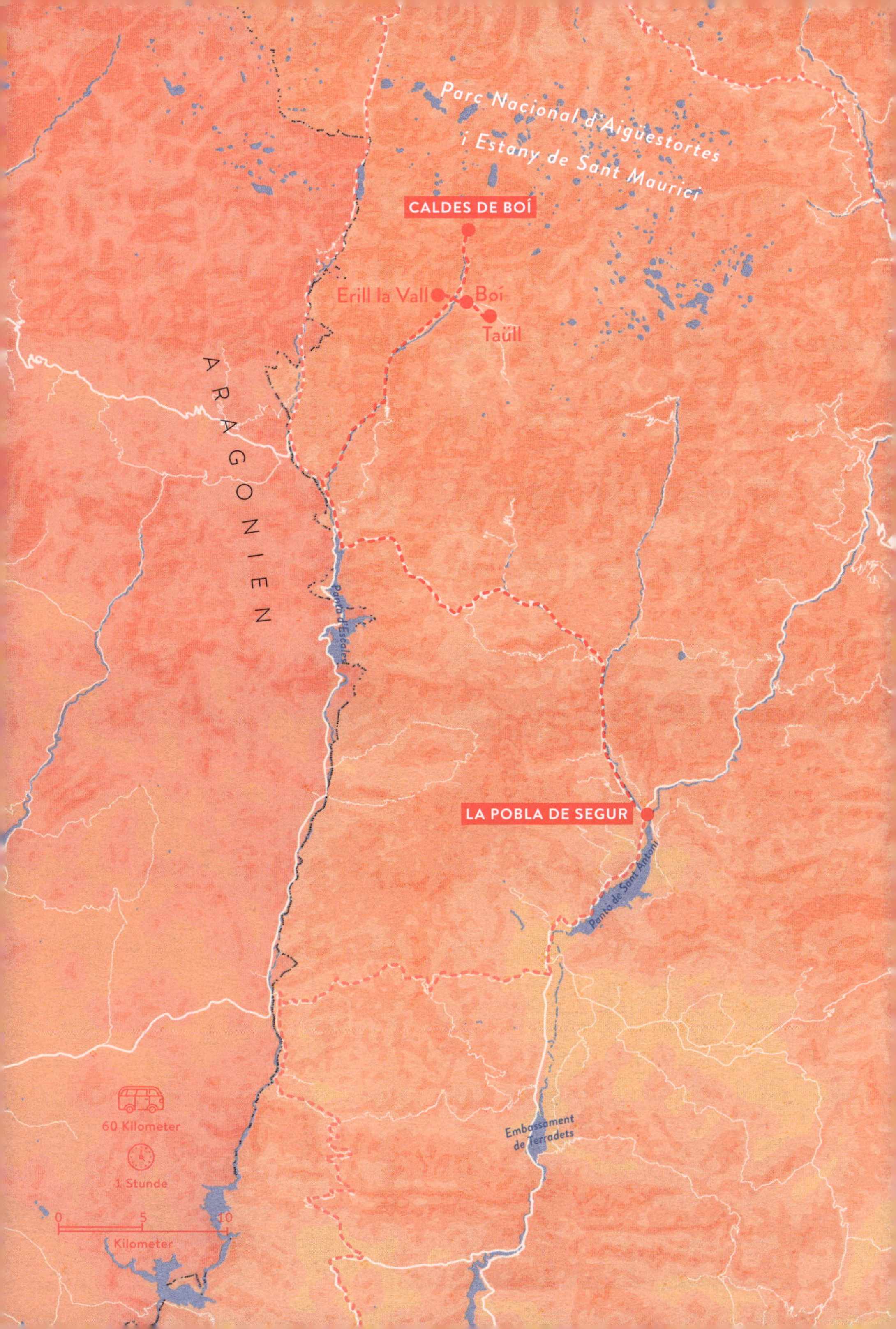
Parc Nacional d'Aigüestortes
i Estany de Sant Maurici
CALDES DE BOÍ
Erill la Vall
Boí
Taüll
ARAGONIEN
Pantà d'Escales
LA POBLA DE SEGUR
Pantà de Sant Antoni
Embassament de Terradets
60 Kilometer
1 Stunde
0
5
10
Kilometer

BOÍ

Wie die meisten anderen Kirchen im Tal wurde auch Sant Joan de Boí im lombardischen Stil zwischen dem 11. und 12. Jahrhundert gebaut. Die hohen Glockentürme funktionierten einerseits als mittelalterliche Zeitansage und riefen die Gläubigen zur Messe, andererseits konnten mithilfe der Türme schnell wichtige Nachrichten verbreitet werden. In der kleinen, robusten Kirche sind nur ein paar Nachbildungen der einst farbenprächtigen Wandmalereien zu sehen. Die Bilder an den Wänden hatten nicht nur eine dekorative, sondern auch eine aufklärerische Bedeutung und sollten den Menschen, die weder lesen noch schreiben konnten, die Geschichte der Bibel erklären und ihnen moralische Anleitung für den Alltag geben. Exotische Tiere wie Elefanten oder Löwen sind oft nicht leicht zu erkennen. Die Menschen in den Pyrenäen hatten solche Tiere selbst nie gesehen und so waren die Künstler auf ihre Fantasie angewiesen.

Carretera de Taüll, 31, 25528 Boí

Neben der Kirche in Boí starten früh am Morgen Jeeptouren in den 1955 eingerichteten **Parc Nacional d'Aigüestortes i Estany de Sant Maurici**. Diese Jeeps sind die einzigen im Park zugelassenen Fahrzeuge. Oben angekommen geht es nur noch zu Fuß weiter, hinauf zu kleinen Bergseen und auf schöne Wandertouren. Die von Boí aus erreichbaren Seen und Wege sind weniger überfüllt als in Espot, dem viel besuchten „Haupteingang" des um die 140 km² großen Nationalparks. Die Jeeps, die im rund 100 km entfernt liegenden Espot starten, fahren direkt hinauf zum See Sant Maurici, dem bekanntesten dem bekanntesten See des Parks.

Sant Climent de Taüll

TAÜLL

Um nicht mehr mit „leeren Wänden“ dazustehen, wurden in der **Kirche Santa Maria de Taüll** die vor über 100 Jahren sorgfältig abgetragenen Wandbilder bei einer Restaurierung in den 70er Jahren einfach nachgemalt. Strahlend leuchtet daher heute die Muttergottes von der Apsis herunter und lässt erahnen, wie die Bilder auf die Menschen gewirkt haben müssen.

Plaça Sta Maria, 1, 25528 Taüll

Die berühmteste Kirche des Vall de Boí ist **Sant Climent de Taüll**. Die Kirche ist jünger, wesentlich feiner und eleganter gebaut, als Sant Joan de Boí. Das Highlight ist das Videomapping, eine ungefähr zehnminütige Projektion, bei der an den leeren Wänden die alten Malereien wie von Zauberhand neu entstehen. Christus, der Weltenherrscher, Apostel und Engel erscheinen, während das Licht durch die Apsis wandert und die längst vergangene Schönheit dieser Kirche zeigt. Jedes Detail war geplant und hatte eine ganz bestimmte Bedeutung. Die Bilder sind voller Symbole und Aussagen, die wir heute kaum noch verstehen.

Carrer dels Aiguals, 25528 Taüll

ERILL LA VALL

Die heute schlichten Steinwände der Kirche **Santa Eulàlia d’Erill la Vall** waren vor beinahe 1000 Jahren bunt bemalt. Die Figurengruppe über dem Altar stellt die Kreuzabnahme dar. Die Originale befinden sich in Museen in Barcelona und Vic, doch auch die Nachbildung zeigt, wie detailliert die Falten der Kleidung dargestellt wurden.

Plaça de Baix, 3, 25528 Erill la Val

In Erill la Vall steht ein kleines Museum, das Centre del Romànic de la Vall de Boí, das die Geschichte der romanischen Kirchen im Tal erzählt. Es gibt eine überdimensionierte Bibliothek, in der man herumlaufen kann, kleine Filme und Fotos zum Ansehen, Schubladen zum Aufziehen.

C/ del Batalló 5, 25528 Erill la Vall
centreromanic.com

Direkt am Dorfplatz von Erill de Vall liegt das kleine rustikale **Hotel L’Aüt**.

laut.cat

CALDES DE BOÍ

Bei einem Spaziergang im Wald atmen wir nicht nur frische Luft, sondern auch kleinste Teilchen von pflanzlichen Stoffen ein, sogenannte Phytonzide. Sie werden besonders von alten Bäumen ausgestoßen und an die Umgebung abgegeben. Diese Waldpartikel sollen nachweislich eine heilsame Wirkung auf den menschlichen Organismus haben. Das aus Japan stammende Shinrin-Yoku funktioniert eigentlich nur mit über tausend Jahre alten Bäumen, doch vielleicht ist ein Waldbad in der frischen Luft der unberührten Natur der Pyrenäen genauso gut für die Gesundheit.

Kurhotel: Außer Waldspaziergängen und frischem Quellwasser gibt es in Caldes de Boí auch eine Höhlensauna. In den Wänden des Thermalbads sind auf Bauchnabelhöhe niedrige Türen eingelassen. Dahinter verbergen sich kleine Höhlen, direkt in den Berg gebaut. In diesen winzigen Räumen läuft das Wasser der heißen Quellen hinter den Steinen entlang und erhitzt die Höhlensauna.

Afueras, s/n. 25528 Caldes de Boí
caldesdeboi.com

CALDES DE BOÍ – ESPOT

Hohe Berge, weiße Gipfel

Wenn im Vall d'Aran die Skisaison längst vorüber ist, gehören die hohen Berge den Wanderern und Mountainbikern.

Käse und Kaviar sind nur zwei der Spezialitäten dieses in vielerlei Hinsicht ungewöhnlichen Zipfels Kataloniens. Während das Vall d'Aran an der katalanischen Seite von hohen Bergen begrenzt wird, läuft es nach Frankreich hin flacher aus und ist viel leichter erreichbar. Kein Wunder also, dass das Tal in kultureller Hinsicht stark von der französischen Gascogne beeinflusst ist.
Sobald der erste Schnee fällt, wird das Vall d'Aran zum spanischen Epizentrum des Wintersports. Im Sommer gehören die Berge jedoch den Wanderern und Radfahrern. Vom Pla de Beret, der Ebene in der die Garonne entspringt, startet die Radfahrstrecke, die über die alte Einsiedelei Montgarri und das Dorf Isil durch schattige Wälder bis Esterri d'Àneu hinabführt. In Isil findet jeden Sommer einer der ältesten Fackelläufe statt. Männer und Frauen laden oben am Berg brennende Baumstämme auf ihre Schultern, mit denen sie querfeldein ins Tal hinabrennen.
Espot ist der Haupteingang zum Nationalpark Aigüestortes i Estany de Sant Maurici. Von hier aus fahren Jeeps zum bilderbuchschönen Nationalpark. Bergwanderer starten dort die Route der Carros de Foc, auf die Berghütten und zu den malerischen Seen geht es nur zu Fuß.

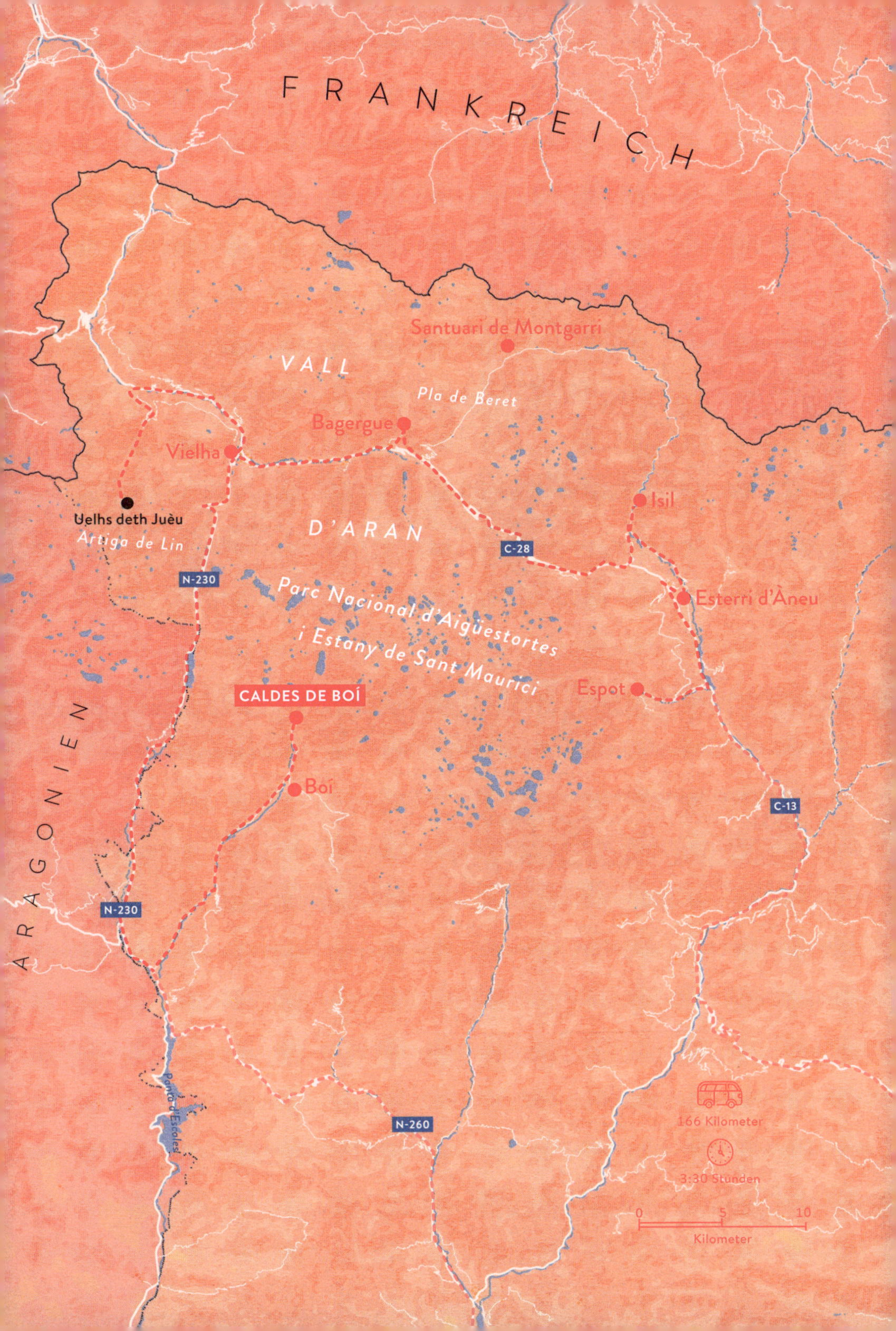
FRANKREICH
VALL D'ARAN
Santuari de Montgarri
Pla de Beret
Bagergue
Vielha
Uelhs deth Juèu
Artiga de Lin
Isil
C-28
N-230
Esterri d'Àneu
Parc Nacional d'Aigüestortes i Estany de Sant Maurici
CALDES DE BOÍ
Espot
Boí
C-13
ARAGONIEN
N-230
N-260
166 Kilometer
3:30 Stunden
0
5
10
Kilometer

Vall d'Aran

VALL D'ARAN

Im Vall d'Aran ist alles anders. Das kleine Tal im äußersten Nordwesten Kataloniens öffnet sich geologisch gesehen gen Norden. Es ist wesentlich einfacher und bequemer, von hier aus nach Toulouse zu gelangen als in eines der katalanischen Nachbartäler. Um die zu erreichen, muss man eine Bergkette auf 2000 Meter Höhe überwinden. Die einzige Straße, die es heute zum Glück gibt, ist kurvenreich und mühsam zu befahren. Bevor sie gebaut wurde, führten nur holprige Wege durch das steile Hochgebirge. Kein Wunder also, dass die Menschen früher eher mit den benachbarten Dörfern auf französischem Boden Handel trieben.

Im Vall d'Aran orientierten sich nicht nur Handel, sondern auch Sprache und Traditionen eher an Toulouse als an Barcelona. Daher spricht man hier auch kein Katalanisch, sondern Aranés, eine offiziell anerkannte Regionalsprache. Aranesisch ist zwar eng mit dem Katalanischen verwandt, gehört aber zu den okzitanischen Sprachen, die man früher in dieser Ecke Frankreichs sprach und teilweise noch heute findet.

ARTIGA DE LIN

Eine einfache kleine Rundwanderung im **Naturpark Artiga de Lin** führt zu den Uelhs deth Joeu, den Augen des Teufels, einem Wasserfall, der sich aus den Gletschern des Anetos speist und zu den schönsten Orten des Vall d'Aran zählt.

rutaspirineos.org/rutas/uelhs-deth-joeu-era-artiga-de-lin
visitvaldaran.com/en/item/artiga-lin-uelhs-deth-joeu

VIELHA

In der Hauptstadt des Vall d'Aran wird frischer Kaviar vom Stör mit einem Glas Wodka serviert. Bis Mitte des letzten Jahrhunderts waren unzählige Störe in den klaren

Käserei Tarrau in Bagergue

Gebirgsbächen der Pyrenäen zu Hause, denn diese anspruchsvollen Fische legen ihre Eier nur in sauberem Wasser ab. Doch die Bäche, die sich aus dem geschmolzenen Schnee der Gipfel speisen, wurden aufgestaut und die Störe verschwanden. Für die Produktion des Kaviars aus Vielha werden die Störe heute in Aquakultur in kleinen Teichen gehalten.

Caviar Nacarii, Paseo de la Libertad 13, 25530 Vielha

BAGERGUE

Das kleine Dörfchen Bagergue ist hübsch bunt, sauber und adrett. Alles blüht in den schönsten Farben.

Nachdem Toni eine zeitlang in den weltbesten Restaurants gearbeitet hatte, kehrte er der Haute Cuisine den Rücken zu und ging in sein Heimatdorf zurück. Gemeinsam mit seinem Bruder Oscar hat er alte Rezepte wiederbelebt und stellt nun traditionelle Käsesorten des Vall d'Aran her. Die rustikalen Käse der Gegend sind deftig und ziemlich einzigartig. Und an Toni ist ein echter Entertainer verloren gegangen.

Hormatges Tarrau, Carrèr dera Hònt, 1, 25598 Bagergue
quesosdelvalledearan.com

SANTUARI DE MONTGARRI

Im Pla de Beret entspringen gleich zwei große Flüsse. In Richtung Katalonien fließt das frische Wasser der Berge den Noguera Pallaresa hinab, während in Richtung Frankreich die Garonne entsteht. Auf dieser weiten Hochebene im Vall d'Aran startet die rund 36 Kilometer lange **Fahrradstrecke**, die vorbei am Santuari de Montgarri bis nach Esterri d'Aneu führt. Ganz entspannt geht es auf der steinigen, aber leicht zu befahrenen Piste bergab, vorbei an grasenden Pferden und Kühen. Nach 6 Kilometern erreicht man das Santuari de Montgarri. Heute gibt es neben der kleinen Kirche eine Herberge für Wanderer.

ISIL

In der Casa de l'Ós Bru, dem **Haus des Bären**, gibt es eine niedliche Ausstellung, die über die in den Pyrenäen lebenden Bären aufklärt. Besonders für Kinder ist das

Tanz der Gegants in Isil

winzige Museum toll gemacht, denn hier dürfen sie alles anfassen. Ein kleiner Teil beschäftigt sich auch mit der Geschichte der Falles d'Isil, dem traditionellen Fackellauf.

Carrer del Pont, 7, 25586 Isil, en.casaosbrupirineus.cat

Jedes Jahr zur Sommersonnenwende findet in Isil ein besonderes Fest statt: Zu Sant Joan (Johannisfest) werden in vielen Bergdörfern traditionelle Fackelläufe veranstaltet. Doch die **Falles d'Isil** sind die ältesten und die bekanntesten Fackelläufe der Pyrenäen. Die Vorbereitungen starten schon im Mai. Am 23. Juni ist der wichtigste Tag der Fallaires: Männer und Frauen besteigen den Berg, um dort ihre Fackeln zu holen. Sobald die Dunkelheit einbricht, kehren sie querfeldein mit einem bis zu 40 kg schweren brennenden Baumstamm auf der Schulter ins Dorf zurück. Die Fackeln der sechzig Männer und Frauen bilden eine leuchtende Kette, die sich wie eine Schlange ins Tal hinabschlängelt.

ESTERRI D'ÀNEU

Mitten durch das kleine Dorf Esterri d'Aneu fließt der Noguera Pallaresa. Eine hübsche romanische Brücke aus dem 13. Jahrhundert geht über den Fluss, der von hier aus weiter Richtung Llavorsí strömt.

ESPOT

Espot hat sich zum logistischen Dreh- und Angelpunkt aller Aktivitäten im **Naturpark Aigüestortes i Estany Sant Maurici** entwickelt. Mit dem Sammeltaxi geht es von hier aus zum malerischen See hinauf, an dem die eigentlichen Wanderungen starten. Kurze Wanderungen führen am Ufer des Sees zu einem Wasserfall, längere, mehrtägige Treckingtouren und Bergwanderungen zu den Berghütten, in teilweise auch im Sommer noch schneebedeckte Höhen. Vor den Berghütten, wie dem Refugi JM (2350 m), liegen hübsche kleine Seen wie der Estany Trullo, der Estany Tort de Peguera oder der Estany Negre.

Der Weg zwischen den Berghütten der **Carros de Foc** ist ein 56 Kilometer langer Rundweg, für den 5 bis 7 Tage eingeplant werden sollten. Der höchste Punkt liegt bei 2749 Meter am Collet de Contraix. Insgesamt überwindet man 9200 Höhenmeter.

carrosdefoc.com

Refugi JM jmblanc.com

Kleiner Tipp für leckere hausgemachte Burger (auch vegan) ist das Café Bistro e Bo.

Plaça Dr. Benavent 3, 25597 Espot

Wer mit dem Campervan unterwegs ist, kann auf dem Campingplatz Voraparc übernachten.

Carretera de Sant Maurici, Kilometer 1,3, 25597 Espot
voraparc.com

Naturpark Aiguestortes i Estany Sant Maurici

Auf den Sommerweiden der Pferde und Schafe

Ein stilles, sanftes Tal, unberührt vom Wintersporttourismus und von den Ausflüglern des Nationalparks, inspirierte Jaume Cabré zu dem Buch *Les veus del Pamano*, Die Stimmen des Flusses.

Wenn im Frühjahr der Schnee auf den Gipfeln der Pyrenäen schmilzt, strömt das Wasser noch wilder als sonst den Noguera Pallaresa hinab. In schnellem Tempo trägt der Fluss am Rande des Naturparks dann Boote und Kajaks talwärts. Die wilde Fahrt auf dem schäumenden Fluss ist besonders im Sommer eine willkommene Erfrischung und der kleine Ort Llavorsí verwandelt sich zum Mekka der Rafting- und Canyoning-Sportler.

Sehr viel ruhiger geht es auf den Bergen und im Tal Vall d'Àssua zu. Mit dem Rad, dem Pferd oder zu Fuß werden die Sommerweiden der Kühe, Pferde und Schafe erklommen. Beim Blick ins Tal erscheinen die Pyrenäen von hier aus weicher, sanfter und grüner als in den benachbarten Tälern. Normalerweise grasen die Tiere friedlich allein auf ihren üppigen Weiden. Nur manchmal treiben die Hirten ihre Schafe zusammen, um sie zu markieren, zu zählen oder, falls notwenig, zu verarzten. In Llessui leiten die Hüter und Hüterinnen ein eigenes kleines Museum, das von ihrer traditionellen Arbeit erzählt.

In Sort berichtet ein winziges Museum eine ganz andere Geschichte. Das Museum der Freiheit gedenkt der Menschen, die vor vielen Jahren aus Frankreich über die Berge flohen, um den Nationalsozialisten zu entkommen. Die kleine Kapelle, die einst als Gefängnis diente, erinnert heute an fast vergessene Schicksale.

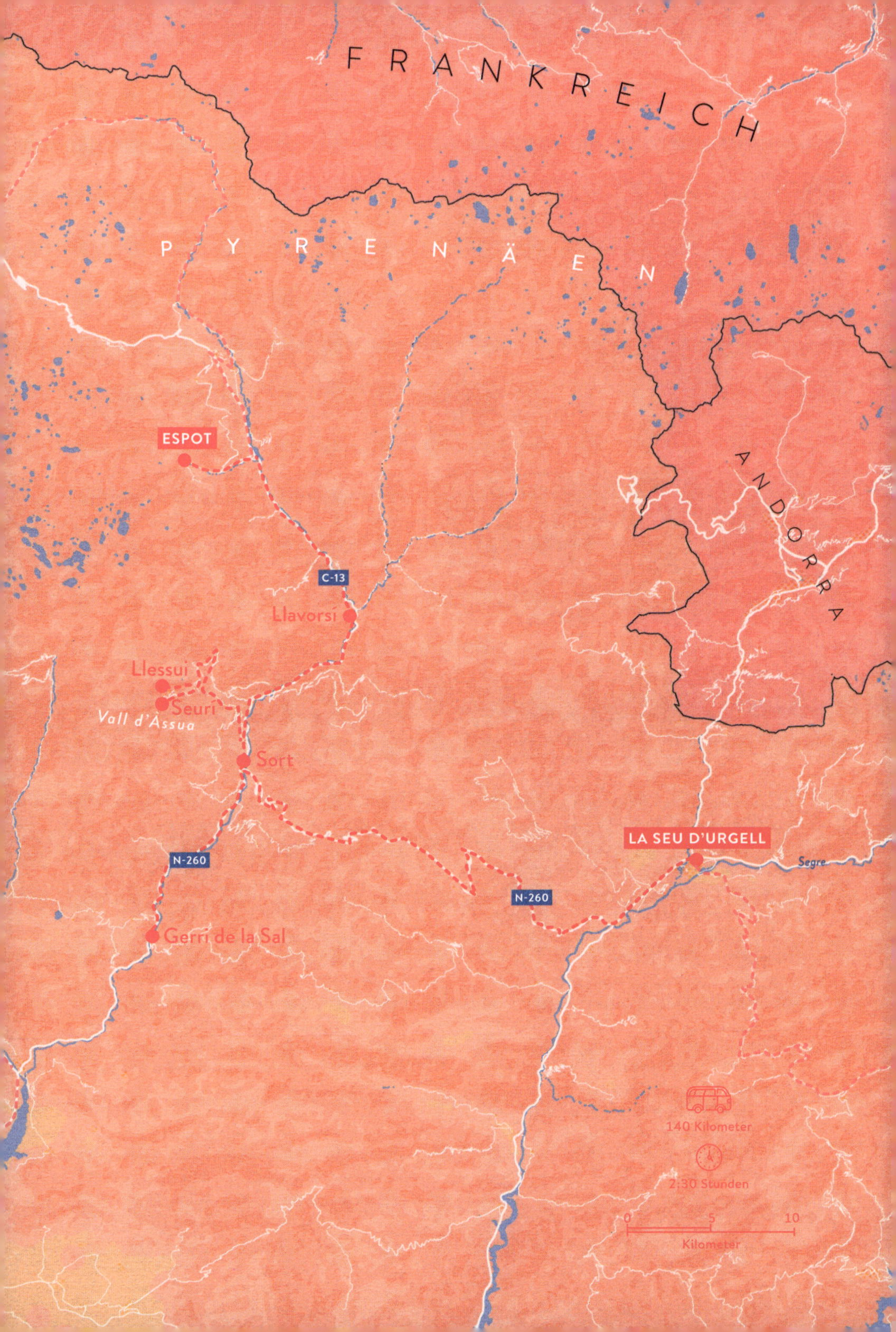

FRANKREICH
PYRENÄEN
ANDORRA
ESPOT
C-13
Llavorsí
Llessui
Seuri
Vall d'Assua
Sort
N-260
Gerri de la Sal
LA SEU D'URGELL
Segre
N-260
140 Kilometer
2:30 Stunden
0
5
10
Kilometer

LLAVORSÍ

Im Frühjahr, wenn der Schnee auf den Gipfeln der Pyrenäen schmilzt, trägt der Noguera Pallaresa besonders viel Wasser. In Llavorsí, am Rande des Naturparks Aigüetortes, besteigen die Wagemutigen dann die Schlauchboote und lassen sich in wilder Fahrt auf dem Fluss treiben. Gerade im Sommer ist so eine Fahrt eine aufregende Abwechslung zu den Badestränden der Küste. Wem **Rafting** nicht wild genug ist, der kann sich auf Highspeed-Brettern direkt in die Stromschnellen werfen.

RocRoi Adventure, Hort de Rei, 25595 Llavorsí
rocroi.com/en

Gemächlicher geht es mit den Kajaks oben am Pantà de la Torrassa zu. Ein kleiner **Stausee** speist den wilden Fluss und zähmt das Wasser eine Weile. Für ein paar Euro kann man Kajaks oder SUPs mieten und auf dem ruhigen Wasser des Sees gleiten.

VALL D'ÀSSUA

Die Aussicht über Berge und Täler ist atemberaubend schön: malerische Hügel, so weit das Auge reicht. In der Ferne ragen die spitzeren, alpineren Gipfel der Pyrenäen stolz und kraftstrotzend in die Höhe. Auf fast 2900 Meter Höhe wachsen keine Bäume und Sträucher mehr. Nur Gräser und Disteln zieren die höchsten Wiesen, auf denen im Sommer Kühe, Pferde und Schafe grasen. Ganze Herden laufen hier frei durch die saftig grünen Hügel. Da die Skistation, die es hier früher einmal gab, schon vor Jahrzehnten geschlossen wurde, blieb das Tal vor den winterlichen Touristenmassen verschont und die Natur somit fast unberührt. Nur wenige Wanderer, Bergläufer und Radfahrer sind hier oben unterwegs. Denn der Weg bis auf die höchsten Weiden ist steil und anstrengend.

Die männlichen Pferde bewachen ihre Herden sehr genau und lassen keinen anderen Hengst auch nur in die Nähe ihrer Damen kommen. Falls es doch mal einer wagt, sich zu nähern, kann es durchaus zu echten Auseinandersetzungen kommen. Die gemütlichen Kühe sind in Liebesdingen ganz anders drauf. Im Gegensatz zu den stolzen Pferden, die sich wie halbstarke Teenager aufführen, kennen die Rindviecher keine Eifersucht. Hier darf jeder mit jedem Spaß haben.

Für die Viehzüchter ist es wichtig, dass die Kühe robust sind, denn wenn sich ein Tier in dem unwegsamen Gelände einen Knöchel bricht, wird es schnell zum Futter für die Geier. Die kreisen hier oben nämlich in erstaunlicher Zahl in den Lüften. Neben den flinken Milanen wirken die Aasfresser plump und träge. Aber sie sind sehr, sehr groß, wenn man sie aus der Nähe sieht.

Und dann sind da noch die Schafe. Um sie zu zählen oder zu markieren, werden die weißen Felltiere von Zeit zu Zeit in den „Orri“ getrieben. Border Collies laufen kläffend um

Vall d'Àssua

die Schäfchen herum und sorgen dafür, dass die Herde zusammenbleibt und keines der Schafe ausbüchst.

Guide-Tipp: Toni und Neus schaffen es auch, ausgesprochene Meermenschen von der Schönheit der Berge zu überzeugen. Sie bieten verschiedene Touren mit dem Jeep, zu Fuß, zu Pferd oder mit dem Rad auch zu den Sommerweiden ihrer eigenen Herden an.

contrasttrip.com

LLESSUI

In Llessui angekommen, gehört die Casa Kiko mit zum Programm: ein rustikales **Restaurant** mit typischen Gerichten der Region. Auf der Speisekarte steht viel Fleisch, denn das gibt es hier von den eigenen Weiden. Aber auch vegetarische Speisen, ein Quitten-Aioli und natürlich Schafskäse gehören zu den traditionellen Spezialitäten des Tals.

El Pigal (Casa Kiko), 25567 Llessui

Eine Hommage an das Leben der Schafhirtinnen und Hirten im Vall d'Àssua ist das **Museu del Pastor**. Das kleine Ökomuseum zeigt alte Werkzeuge und lässt in kurzen Filmen die Männer und Frauen von ihrer Arbeit erzählen.

Ecomuseu dels pastors de la Vall d'Àssua
Carrer Llessui Poble, 141, 25567 Llessui

SEURÍ

Eine sehr **ungewöhnliche romanische Kirche** verbirgt sich in Seurí. Die Esglesia Sant Víctor de Seurí wurde von einem einheimischen Künstler, der mittlerweile in New York lebt und arbeitet, neu gestaltet. Santi Moix hat die Wände der Kirche mit bunten Bildern, die das Vall d'Ássua seiner Kindheit aufleben lassen, zu neuem Leben erweckt.

Carrer Seuri Alt, 5, 25567 Seurí, esglesiaseuri.cat

Esglesia Sant Víctor in Seurí

SORT

Im Spanischen Bürgerkrieg flohen die Menschen vor Francos Truppen nach Frankreich. Im Zweiten Weltkrieg flohen Juden, Kommunisten und Resistance Kämpfer vom besetzten Frankreich nach Spanien. Fluchtwege in beide Richtungen prägen die Geschichte dieser Pfade durch die Berge. Frauen, Kinder und Männer vertrauten ihr Leben Schmugglern und Schafhirten an, die die Flüchtlinge heimlich über die Grenzen schafften. Das winzig kleine Museum erinnert an die Fluchtrouten in die erhoffte Freiheit.

Presó-Museu Camí de la Llibertat
Plaça de Sant Eloi 8, 25560 Sort, camidelallibertat.cat

Im Zweiten Weltkrieg diente das Hotel Pessets als Notunterbringung für britische Piloten, weil das winzige Gefängnis für die Kriegsgefangenen zu klein war. Heute befindet sich dort eine nette Tapasbar.

Avinguda dels Comtes de Pallars, 29, 25560 Sort
cafepessets.com

Gerri de la Sal

Das **Hotel Pessets** gibt es auch noch, es wurde neuer und größer ein paar Straßen weiter wiedereröffnet.

Avinguda de la Diputació Provincial, 3, 25560 Sort
hotelpessets.com

GERRI DE LA SAL

Viele Jahrhunderte lang lebten die Menschen in Gerri de la Sal vom Salzabbau. Aus einer unterirdischen Quelle sprudelt hier salziges Wasser an die Oberfläche. In Salzwasserbecken wurde bis ins letzte Jahrhundert das Salz gewonnen und in der Casa de la Sal, dem heutigen Museum, gelagert. Die Führungen des Museums besuchen auch die Salzquelle und die ehemaligen Salzbecken.

Plaça Àngel Esteve, 10, 25590 Gerri de la Sal

LA SEU D'URGELL

Beim Bummeln durch das historische Zentrum gelangt man fast automatisch zur Kathedrale Santa Maria aus dem 12. Jahrhundert mit dem schönen Kreuzgang und dem Museu Diocesà d'Urgell.

Plaça del Deganat, 25700 La Seu d'Urgell
museudiocesaurgell.org

Im **Espai Ermengol** widmet sich eine ganze Etage dem traditionellen Käse des Cadí. Duftsäulen laden dazu ein, die verschiedenen Sorten des Cadí zu erschnuppern. Kaufen kann man den Käse in der Formatgeria Eugene.

Carrer Major, 58 und Carrer Major, 8
25700 La Seu d'Urgell, espaiermengol.cat

Ein günstiges, einfaches Hotel, mit hübscher Terrasse und Parkplatz direkt im Zentrum, ist das **Hotel Andria**.

Passeig Joan Brudieu, 24, 25700 La Seu d'Urgell

Auf den Spuren der Meister

Zwischen dem Nationalpark Cadí Moixeró und den Pyrenäen erstrecken sich grüne Hügel und kleine Bergdörfer. Pablo Picasso verbrachte drei Monate in der abgeschiedenen Bergregion und ließ sich von ihrer Schönheit und den Bewohnern inspirieren. Antoni Gaudí entwarf hier eines seiner grünsten Werke. In der Alta Garrotxa geht es auf anspruchsvollen Wanderungen über romanische Brücken zu einsamen Kapellen in die Welt der Vulkane. Wer gern wandert, auf Berge klettert oder mit dem Rad fährt, wird hier länger bleiben wollen.

Rund um den Pedraforca: Im Land der Katharer

Auch wenn man in den Bergdörfern der Cerdanya nicht mehr auf Mauleseln reitet, auf den kurvigen, engen Straßen zwischen den Gipfeln der Pyrenäen hat es niemand eilig.

Weißer Nebel steigt aus den grünen Hügeln und Wäldern rings um La Seu d'Urgell empor. Früh am Morgen ist es still in der Altstadt, deren Straßen und Plätze nahe der Kathedrale mit Arkaden umsäumt sind.
Der beeindruckendste Berg des Naturparks ist der Pedraforca mit seinen gabelartigen Gipfeln. Der Legende nach soll einst eine mächtige Burg auf dem Berg gestanden haben. Als der Burgherr immer grausamer wurde, baten seine Untertanen die Engel um Hilfe. Drei Tage und drei Nächte schlossen sie sich in ihren Häusern ein, während die Erde bebte. Als endlich Ruhe einkehrte, war der Gipfel gespalten wie die Gabel des Teufels, den die Engel besiegt und vertrieben hatten.
Im Mittelalter war die Gegend eine Zufluchtsstätte der Katharer, die vor der blutigen Verfolgung durch die Kreuzzügler Schutz suchten. Davon erzählt das Museum im Palau von Bagà – die Burg trohnt auf einem Hügel über den engen Gassen und dem alten Marktplatz.
1906 verbrachte Pablo Picasso drei Monate in der Abgeschiedenheit Gósols. Damals war das Bergdorf nur mit Mauleseln erreichbar. Neben den Dorfbewohnern taucht auch die Ruine der alten Katharerburg, die sich auf einem Hügel erhebt, in Picassos Zeichnungen auf.

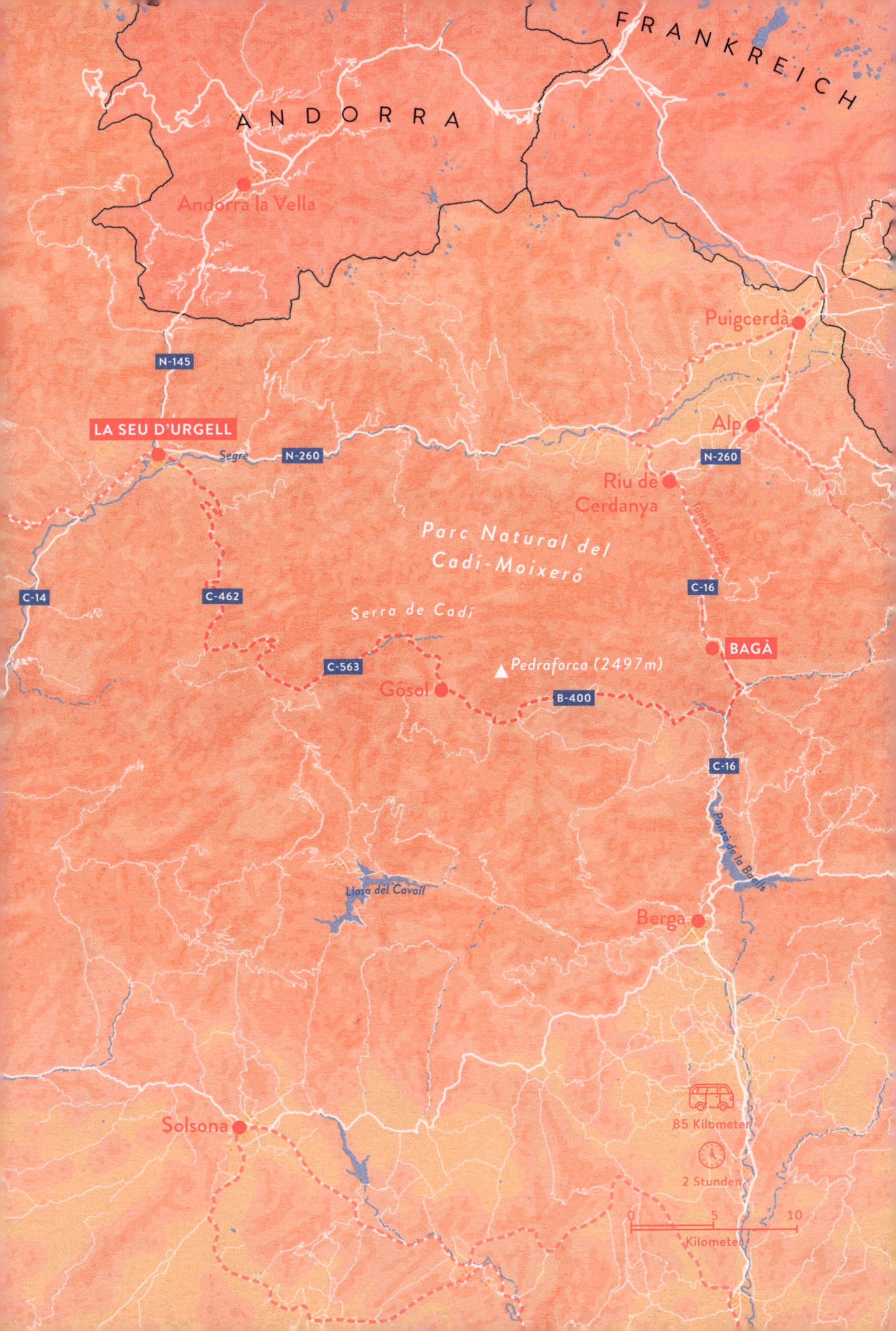
FRANKREICH
ANDORRA
Andorra la Vella
N-145
LA SEU D'URGELL
Segre
N-260
Puigcerdà
Alp
N-260
Riu de Cerdanya
Túnel del Cadí
Parc Natural del Cadí-Moixeró
C-14
C-462
Serra de Cadí
C-16
BAGÀ
C-563
Pedraforca (2497 m)
Gósol
B-400
C-16
Pantà de la Baells
Llosa del Cavall
Berga
Solsona
85 Kilometer
2 Stunden
0
5
10
Kilometer

Pedraforca

GÓSOL

Auch wenn hier keine Originale hängen, wird bei der Führung durch das **Centre Picasso** schnell deutlich, wie sehr der Aufenthalt in Gósol Picassos künstlerische Entwicklung beeinflusste. Nach einer Führung in Englisch fragen.

Plaça Major 1, 25716 Gósol

Rund um den Pedraforca gibt es mehrere kleine **Campingplätze** wie Càmping Mirador al Pedraforca oder den Camping Repòs del Pedraforca.

miradoralpedraforca.cat
campingpedraforca.com

NATURPARK CADÍ-MOIXERÓ

Der bekannteste Berg des Naturparks Cadí-Moixeró ist der **Pedraforca**. Weil er relativ einfach aussieht, wird er auch von unerfahrenen Bergwanderern gern bestiegen. Doch der 2500 Meter hohe Gipfel hat es durchaus in sich. Wenn man nicht irgendwann vor einer steilen Felswand stehen will, sollte man den Wanderweg unbedingt in die ausgeschilderte Richtung starten. Die Route überquert den Pedraforca vom Mirador de Gresolet aus. Über das Refugi Estasen geht es zum Coll del Verdet, der Abstieg erfolgt über die Tartera. Für diese etwas über 9 Kilometer lange Strecke braucht man 4 bis 6 Stunden. Eine andere klassische Route führt in 5 bis 6 Stunden auf 20 Kilometern rund um den Pedraforca herum.

Zwischen Gósol und Bagà gibt es direkt an der Landstraße einen tollen Aussichtspunkt, den **Mirador del Pedraforca**, an dem ein Schild die Legende des gespaltenen Berggipfels erzählt.

Koordinaten 42.232582, 1.771176

BAGÀ

Die **Katharer** (oder Albigenser) waren eine christliche Gemeinschaft, die sich im 12.-14. Jahrhundert vorwiegend in Okzitanien, im Süden des heutigen Frankreichs, verbreitete. Männer und Frauen predigten Armut und Bescheidenheit und führten ein weitgehend gleichberechtigtes Leben. Der Papst rief zum Kreuzzug gegen die Bons Homes und Bones Dones auf. Als Ketzer wurden die Katharer aufs Grausamste verfolgt, bis die Glaubensgemeinschaft ausgerottet war.

Der **Camí dels Bons Homes** ist eine historische Fluchtroute, die von der Katharerburg Montségur in Frankreich über die Pyrenäen bis nach Queralt führt. Der historische Fluchtweg ist heute als GR 107 ein anspruchsvoller, aber gut ausgebauter Wanderweg.

camidelsbonshomes.com

In der ehemaligen Burg des Galceran de Pinós sind die alten Wandmalereien nur teilweise restauriert. Diese leeren, alten Räume sind regelrecht bezaubernd. Im unteren Geschoss erzählt das **Centre Medieval i dels Càtars** die Geschichte der Katharer. Guide Oscar aus der Oficina de Turisme führt durch das Katharermuseum und macht die Stadtführung auch auf Englisch.

Carrer de la Muralla
08695 Bagà

Das Restaurant des kleinen **Hotel Ca l'Amagat** hat sich auf die deftige Küche der Cerdanya spezialisiert und legt Wert auf traditionelle Gerichte, die mit regionalen Produkten gekocht werden. Da die Katharer Vegetarier waren, gibt es hier auch Gerichte, die an die Traditionen der katharischen Küche anlehnen.

Carrer de la Clota, 4, 08695 Bagà, hotelcalamagat.com

Palau de Pinós

Die Dörfer der Cerdanya

Inmitten hoher Berge erstreckt sich die grüne Hochebene der Cerdanya. Dieser historische Landstrich ist nicht nur im Sommer ein beliebtes Urlaubsziel der Katalanen.

Majestätische Berge umschließen die Hochebene und das Tal des Segre, der von hier in Richtung Lleida fließt, um sein Wasser mit dem Ebro zu vereinen. Kleine Bergseen finden sich inmitten der grünen Landschaft überall entlang der zahlreichen Rad- und Wanderwege. Im Sommer strömen Bergwanderer in die Cerdanya und besteigen die nahe gelegenen Gipfel, im Winter tummeln sich die Skifahrer auf den Pisten von La Molina oder Masella. Mitten durch das historische Gebiet der Cerdanya führt heute die Grenze zwischen Frankreich und Spanien, daher gibt es neben der katalanischen auch eine französische Cerdagne. Bevor die Römer diese Gegend einst eroberten, prägten die Kulturen des baskischen und aquitanischen Sprachraums die Bergdörfer. Die alten Sprachen hielten sich hier noch bis ins neunte Jahrhundert, ehe sich mit der Ankunft der Römer die katalanische Sprache entwickelte und durchsetzte. Dank des Cadí-Tunnels und der gut ausgebauten Straßen ist die Cerdanya heute von Barcelona aus mit dem Auto in zwei bis drei Stunden erreichbar. Die früher abgelegene Region hat sich längst zu einer der beliebtesten Urlaubsregionen der Katalanen entwickelt. Viele Prominente wie Piqué und Shakira haben sich hier schicke Ferienhäuser zugelegt.

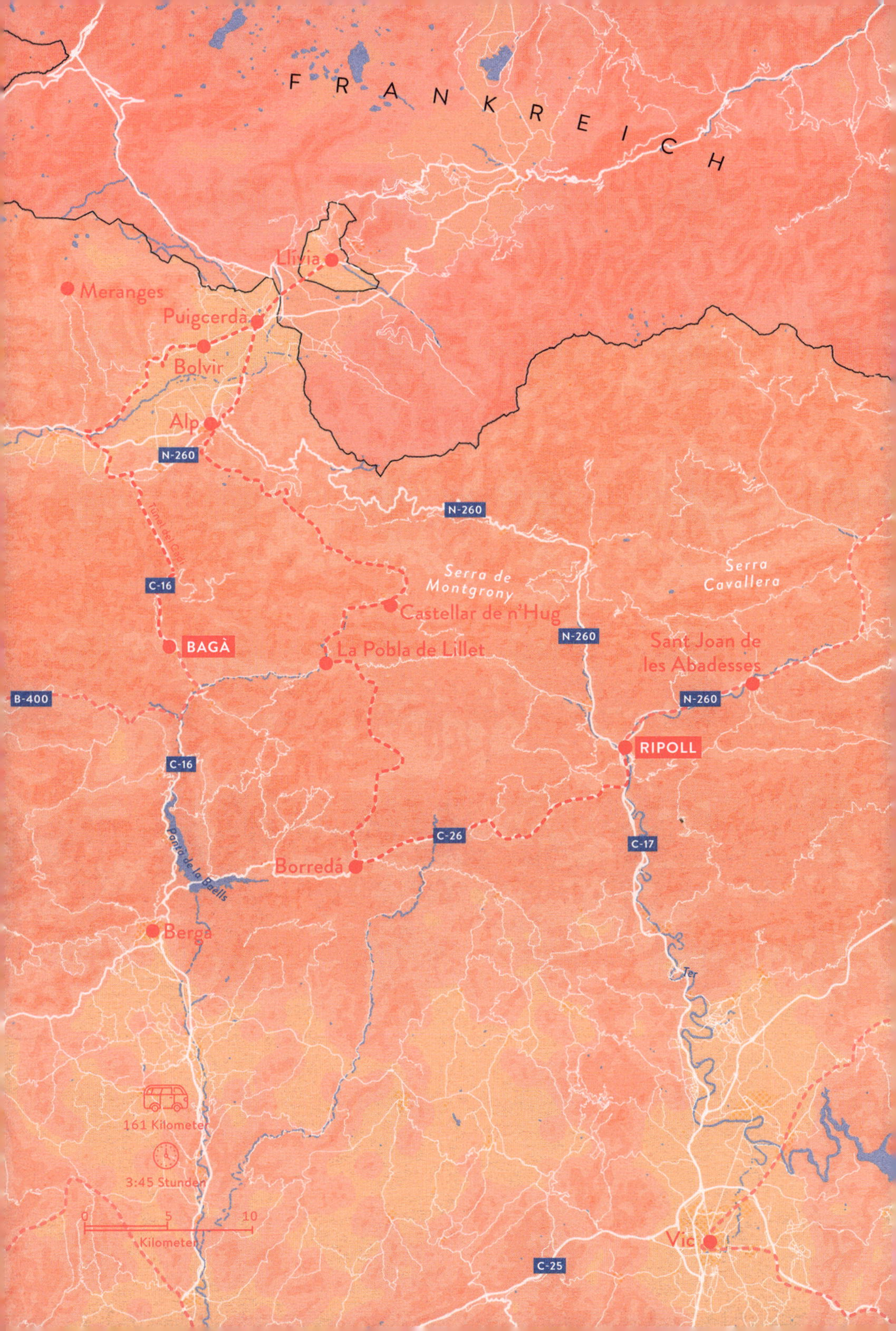
FRANKREICH
Llívia
Meranges
Puigcerdà
Bolvir
Alp
N-260
Túnel del Cadí
C-16
BAGÀ
N-260
Serra de Montgrony
Castellar de n'Hug
La Pobla de Lillet
N-260
Serra Cavallera
Sant Joan de les Abadesses
N-260
B-400
RIPOLL
C-16
C-26
C-17
Pantà de la Baells
Borredà
Berga
Ter
161 Kilometer
3:45 Stunden
0
5
10
Kilometer
Vic
C-25

MERANGES

Auf abgelegenen Serpentinen geht es nach Meranges, einem Dorf, das aus einer Handvoll Häusern und einem Holzschuhmuseum in der alten Kirche besteht. Von hier kann man zu einem hübschen kleinen **Bergsee**, dem Estany de Malniu, wandern.

BOLVIR

Die Ceretanier, die vor zweitausend Jahren hier lebten und der Gegend ihren Namen gaben, müssen große Augen gemacht haben, als Hannibal bei der Überquerung der Pyrenäen mit seinen Elefanten hier vorbeikam. Auf dem Hügel vor Bolvir liegt der **Espai Ceretània**, die Ausgrabungsstelle der iberischen Siedlung und ein kleines Museum, das man besichtigen kann.

Carrer la Corona, 46, 17539 Bolvir,
bolvir.cat/govern-obert/museu-espai-ceretania/museu

PUIGCERDÀ

Wer in der Unterstadt von Puigcerdà ankommt, muss zunächst mit dem Fahrstuhl in die Oberstadt hinauffahren – oder laufen. Zwischen den zahllosen kleinen Boutiquen der Altstadt stößt man auf das Wahrzeichen der Stadt, **el Campanar de Santa Maria**. Im Spanischen Bürgerkrieg überlebte allein dieser Glockenturm die Sprengung der Kirche. Am Ufer des kleinen Sees inmitten der Stadt laufen schnatternde Enten in der Grünanlage umher.

Carrer Major, 46, 17520 Puigcerdà

LLÍVIA

Aus dem Zentrum der römischen Provinzstadt Julia Lybica wurde im Mittelalter die kleine Stadt **Llívia**, die als Enklave bis heute zu Spanien gehört. Das niedliche Dorf ist eine katalanische Insel, umgeben von

Estany de Puigcerdà

Jardins Artigas

französischem Territorium. Alte Gassen und Häuser im typischen Stil der Berge sammeln sich hier zu Füßen der Kirche.

CASTELLAR DE N'HUG

Nur zehn Minuten vom Dorfzentrum entfernt entspringt die **Quelle des Llobregat**. Von hier aus fließt der Fluss weiter Richtung Küste, bis er nahe des Flughafens von Barcelona ins Mittelmeer mündet. Vom Mirador del Balços, einem Aussichtspunkt am Ortsrand, hat man einen guten Blick auf die hübsch restaurierten Steinhäuser von Castellar de n'Hug.

LA POBLA DE LILLET

Früher transportierte die kleine Bahn Zement aus der Fabrik in Castellar de n'Hug bis nach Guardiola de Berguedà. Heute transportiert **el tren del ciment** Touristen auf schmalen Gleisen durch den Ort. Die Mauern der Wohnhäuser reichen bis fast an die Schienen heran. Die Fahrt ist ein kleines Abenteuer. Hinter einer Papierfabrik taucht unerwartet eine grüne Oase auf, die Jardins Artigas.

Carretera, B-402, 08696 La Pobla de Lillet
trendelciment.cat

In einem kleinen Tal ruhen die **Jardins Artigas**. In der Abgeschiedenheit der Berge entwarf Antoni Gaudí eine üppig grüne Gartenanlage in seinem ganz speziellen Baustil. Hier kann man die organisch bizarren Konstrukte des modernistischen Architekten ganz ohne Warteschlangen bestaunen. Hinkommen kann verwirrend sein, weil man den Gleisen des Zuges folgen muss. Vorher einen Blick auf die Website werfen.

Carrer del Ferrocarril, 08696 La Pobla de Lillet
turismelillet.cat/tour-item/jardins-artigas/?lang=en

RIPOLL – OLOT

Die Einsamkeit der Alta Garrotxa

Die Alta Garrotxa ist eine weitgehend unberührte Region der Pyrenäen mit Einsiedeleien und winzigen Dörfern. Das unwegsame Gelände zieht vor allem Kletterer in seinen Bann.

Während es in Ripoll und Camprodon spannende Kapitel aus der Geschichte Kataloniens zu entdecken gibt, geht es weiter westlich in die Naturlandschaften der Alta Garrotxa. Der Name Garrotxa kommt von „terra de mala petja“, so nannten die Leute früher diesen Landstrich, in dem das Gelände unwegsam und die Fortbewegung beschwerlich war. Bis heute ist die Alta Garrotxa eine sehr ruhige Gegend. Vereinzelt überquert man alte Brücken oder stößt am Rande der Wanderwege auf Einsiedeleien und Kapellen wie Sant Andreu de Bestracà. Vom winzigen Dörfchen Rocabruna führt ein Weg an grasenden Kühen und Kälbern vorbei bis zu den malerischen Ruinen von Sant Llorenç. Der größte Ort der Gegend ist Beget, ein echtes Bilderbuchdorf in den Pyrenäen. Die Häuser rund um die Kirche haben sich seit über hundert Jahren fast nicht verändert.

Die Herausforderungen dieser zerklüfteten Landschaft locken viele Kletterer, aber auch vereinzelte, anspruchsvolle Wanderer in die Alta Garrotxa. Um die aufregende Vergangenheit dieser Landschaft zu verstehen, lohnt es sich, einen Guide wie Beth dabeizuhaben.

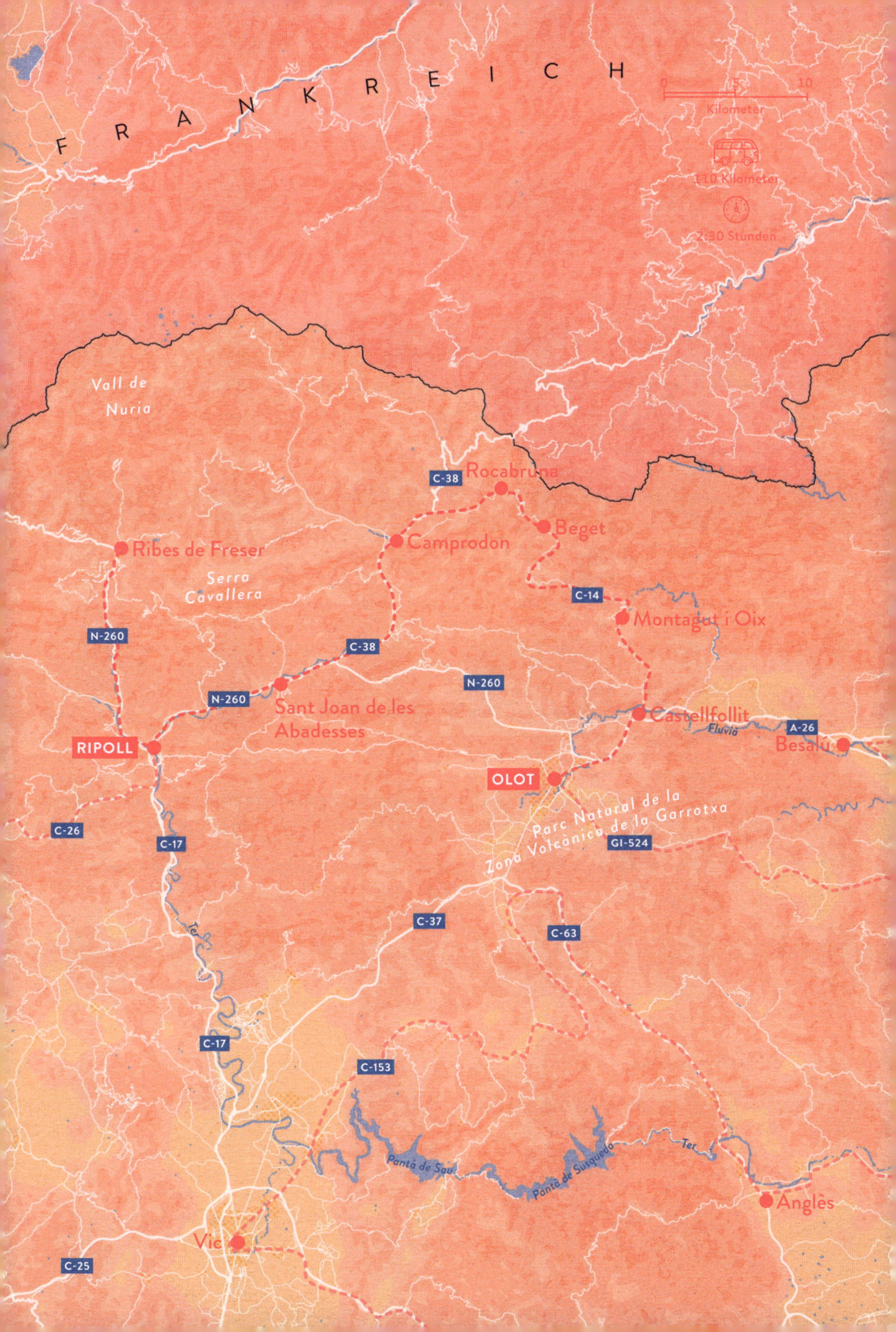

FRANKREICH
0 5 10
Kilometer
110 Kilometer
2:30 Stunden
Vall de Nuria
C-38
Rocabruna
Beget
Ribes de Freser
Camprodon
Serra Cavallera
C-14
Montagut i Oix
N-260
C-38
N-260
N-260
Sant Joan de les Abadesses
Castellfollit
Fluvià
A-26
Besalú
RIPOLL
OLOT
Parc Natural de la Zona Volcànica de la Garrotxa
C-26
C-17
GI-524
C-37
C-63
Ter
C-17
C-153
Pantà de Sau
Pantà de Susqueda
Ter
Anglès
Vic
C-25

RIPOLL

Das **Kloster in Ripoll** gilt als Wiege Kataloniens. Ein schlichter Sarkophag erinnert an Guifré el Pelos, Wilfried den Haarigen, Stammvater der Katalanen, der das Kloster einst gründete. Ripoll war im frühen Mittelalter ein wichtiges kulturelles Zentrum seines Reichs. Das beeindruckende Eingangsportal aus dem 9. Jahrhundert nennt man wegen der detailreichen Darstellungen die „steinerne Bibel". Im Sommer werden im Scriptorium **Schreibkurse** organisiert, in denen Kleine und Große das Schreiben mit der Feder lernen können.

Infos im Museu Etnogràfic und der Touristeninformation

Der Legende zufolge soll der französische König, dessen Vasall Guifré offiziell war, seinem tapferen Mitstreiter aus Dankbarkeit für die erfolgreichen Kämpfe gegen die Mauren ein Wappen verliehen haben. Beim Besuch am Sterbebett des tödlich verletzten Grafen von Barcelona berührte der König mit seinen Fingern die blutende Wunde Guifrés und zog mit dessen Blut vier rote Streifen auf das Schild des Grafen. Das war die Geburtsstunde des katalanischen Wappens. Der Wahrheitsgehalt der Geschichte ist zwar umstritten, aber kaum eine Legende erfreut sich hier größerer Beliebtheit.

RIBES DE FRESER

In Ribes de Freser beginnt die **Via Ferrata** direkt hinter dem Rathaus. Gleich zu Beginn führt der Klettersteig auf die Roca de la Creu, die als steinerner Finger in den Himmel ragt.

Guide-Tipp: Ein erfahrener Bergspezialist ist Jaume. Er begleitet dich auf die Felsen und bringt die notwendige Ausrüstung mit.

guiesnordsud.cat

Tere produziert mit ihren Bienen den leckeren **Mel de Ribes**. Gern zeigt sie, wie der Honig entsteht und erklärt das Leben im Bienenstock. Für einen Besuch vorher anmelden.

Cal Feliu – Bruguera, 17534 Ribes de Freser, melderibes.cat

Der Blick vom **Hotel Resguard dels Vents** in die Berge ist unglaublich. Gemütlich und liebevoll eingerichtet, kannst du die Natur genießen.

Cami de Ventaiola, Ribes de Freser, hotelresguard.com

VALL DE NÚRIA

Nur zu Fuß oder mit der alten **Zahnradbahn La Cremallera de Núria** geht es von Ribes de Freser in das autofreie Tal. Im Vall de Núria verbringen Eltern und Kinder einen Tag damit, auf dem Stausee zu paddeln, Pony zu reiten oder Minigolf zu spielen. Anspruchsvolle Wanderer können von hier aus höher gelegene Gipfel der Pyrenäen erklimmen.

SANT JOAN DE LES ABADESSES

Ebenfalls von Guifré gegründet, entwickelte sich das **Kloster Sant Joan de les Abadesses** unter seiner Tochter Emma de Barcelona neben Ripoll zu einem weiteren kulturellen und wirtschaftlichen Zentrum der Region. Der heutige Bau der kleinen Klosterkirche stammt zum größten Teil aus dem 12. Jahrhundert. Rund hundert Jahre später wurden die Nonnen durch die Intrigen eines habgierigen Verwandten der letzten Äbtissin Ingilberga aus dem Kloster vertrieben.

Plaça de l'Abadia, 17860 Sant Joan de les Abadesses

CAMPRODON

Noch gegen Ende des 19. Jahrhunderts genossen wohlhabende Städter in den modernistischen Bauten Camprodons die Sommerfrische. Dann kam der Spanische

Jardins Artigas

Bürgerkrieg und viele tausend Menschen flohen von hier aus über den nahe gelegenen Coll d'Ares vor den herannahenden Truppen Francos. Das Kulturzentrum **Espai Cultural Cal Marquès** zeigt eine beeindruckende Ausstellung zum Camí de la Retirada und dem Ende des Spanischen Bürgerkriegs.

Carrer Catalunya 11, 17867 Camprodon

Man könnte meinen, die Firma Birba spiele mit einem Vintage-Image, aber weit gefehlt. Seit 1893 hat sich weder das Rezept noch die Verpackung verändert. **Birba Kekse** wurden immer schon ganz ohne Palmöl und ohne künstliche Zusatzstoffe, nur mit natürlichen Zutaten gebacken. Heute wie vor hundert Jahren ziert die alte Brücke, das Wahrzeichen Camprodons, die gelben Keksschachteln. In der **Bodega Toni** kann man diesen Klassiker kaufen. Dort stapeln sich auch riesige Fässer mit Wein und anderen Spirituosen, aus denen die Getränke ganz nach Bedarf gezapft werden.

Carrer d'Isaac Albeniz, 16, 17867 Camprodon

Hübscher Parkplatz und Stellplatz für **Campervans**.

Ronda Mas Ventós, 17867 Camprodon

BEGET

Die Altäre der kleinen Kirche **Sant Cristòfol** in Beget sind üppig mit Gold geschmückt. Erstaunlicherweise konnten die Dorfbewohner ihre Schätze unbeschadet durch die Unruhen der letzten Jahrhunderte

Wandern in der Alta Garrotxa

retten. Vermutlich half die schwer zugängliche Lage des Dorfes dabei, die Kirche vor der Zerstörungswut von Revolutionären und plündernden Soldaten zu bewahren. Im Spanischen Bürgerkrieg mauerten die Einwohner Begets ihre Christusstatue ein und verbrannten vor der Kirche einen Stapel Holz, damit es so aussah, als sei die Kirche bereits geplündert worden. Die Soldaten fielen auf den Trick herein und zogen weiter. Der Christus war gerettet. Heute thront er in gerader Haltung, mit einer langen Tunika bekleidet, über dem Altar und blickt entspannt auf die Welt zu seinen Füßen.

Ein gutes Restaurant, nachhaltig mit Produkten der Region und vegetarischen Optionen, ist **El Forn**. Sie vermieten auch Zimmer.

Calle Josep Duñach En Feliça, 9, 17867 Beget
elforndebeget.com

Pont de Llierca

Guide-Tipp: Beth hat sich dem ökologischen Tourismus verschrieben und kennt nicht nur alle Wander- und Kletterwege, sondern auch jeden Schmetterling. Sowohl die Alta Garrotxa als auch die vulkanische Garrotxa sind Beths absolutes Spezialgebiet.

trescalia.com

MONTAGUT I OIX

Von dem kleinen Ort Oix mit der romanischen Brücke geht ein Wanderweg zur **Ermita Sant Andreu de Bestracà**. Dort oben kann man bei gutem Wetter sogar das Meer sehen. Übernachtungstipp ist das kleine umgebaute Landhaus Can Pei.

Masia Can Pei, 17855 Oix, canpei.net

In 28 Meter Höhe geht eine steinerne Brücke über den Llierca. Auf dieser schmalen Straße überquerten im Mittelalter nicht nur Fußgänger, sondern auch Maulesel und schwer beladene Ochsenkarren den Fluss. Bis ins 13. Jahrhundert hatte man noch die Viadukte der Römer benutzt. Im Sommer kommen viele Leute zum Baden an das Flussbett unter der **Pont de Llierca**.

Auf dem großen Parkplatz am Pont de Llierca darf man nicht übernachten. In der Nähe liegt aber der **Campingplatz Montagut**, der mit dem Auto 10 Minuten von Castellfollit entfernt ist.

Carretera de Sadernes, Km. 2, 17855 Montagut i Oix

OLOT – BANYOLES

Schlafende Vulkane

Den besten Blick auf die Welt der verborgenen Vulkane hat man aus einem Heißluftballon. Aber auch auf dem Boden gibt es viele Gelegenheiten, die Lavaströme zu erkunden.

Die Garrotxa ist übersät mit grünen Hügeln unter denen sich erloschene Vulkane verbergen. Millionen Jahre ist es her, dass sie ihr Feuer in den Himmel spuckten. Doch sie haben eine einmalige und sehr fruchtbare Landschaft hinterlassen, in der die weißen Bohnen von Santa Pau besonders gut gedeihen. Ganz im Gegensatz zum atemberaubenden Castellfollit schläft der über tausend Jahre alte Ort Santa Pau zwischen sanften Hügeln einen Dornröschenschlaf. Kleine Gassen winden sich zwischen den krummen Häusern. Wer genauer hinsieht, entdeckt kleine Skulpturen, die katalanische und italienische Künstler in den Straßen der Altstadt „versteckt" haben. Wanderwege führen zu den Vulkanen der Garrotxa und sogar in die Krater der feuerspeienden Berge hinein. Vom Heißluftballon aus hat man die schönste Aussicht auf die Kapelle Santa Margarida inmitten eines Vulkankraters.
Kurz vor Olot gelegen, ist das Dörfchen Castellfollit de la Roca besonders spektakulär anzusehen. Weil der kleine Ort auf einem Lavastrom errichtet wurde, klammern sich die Häuser dort stur und trotzig auf steilen Felsen aneinander. Manche Gebäude stehen direkt an dem beeindruckenden Abgrund, an dem es fünfzig Meter in gerader Linie nach unten geht.

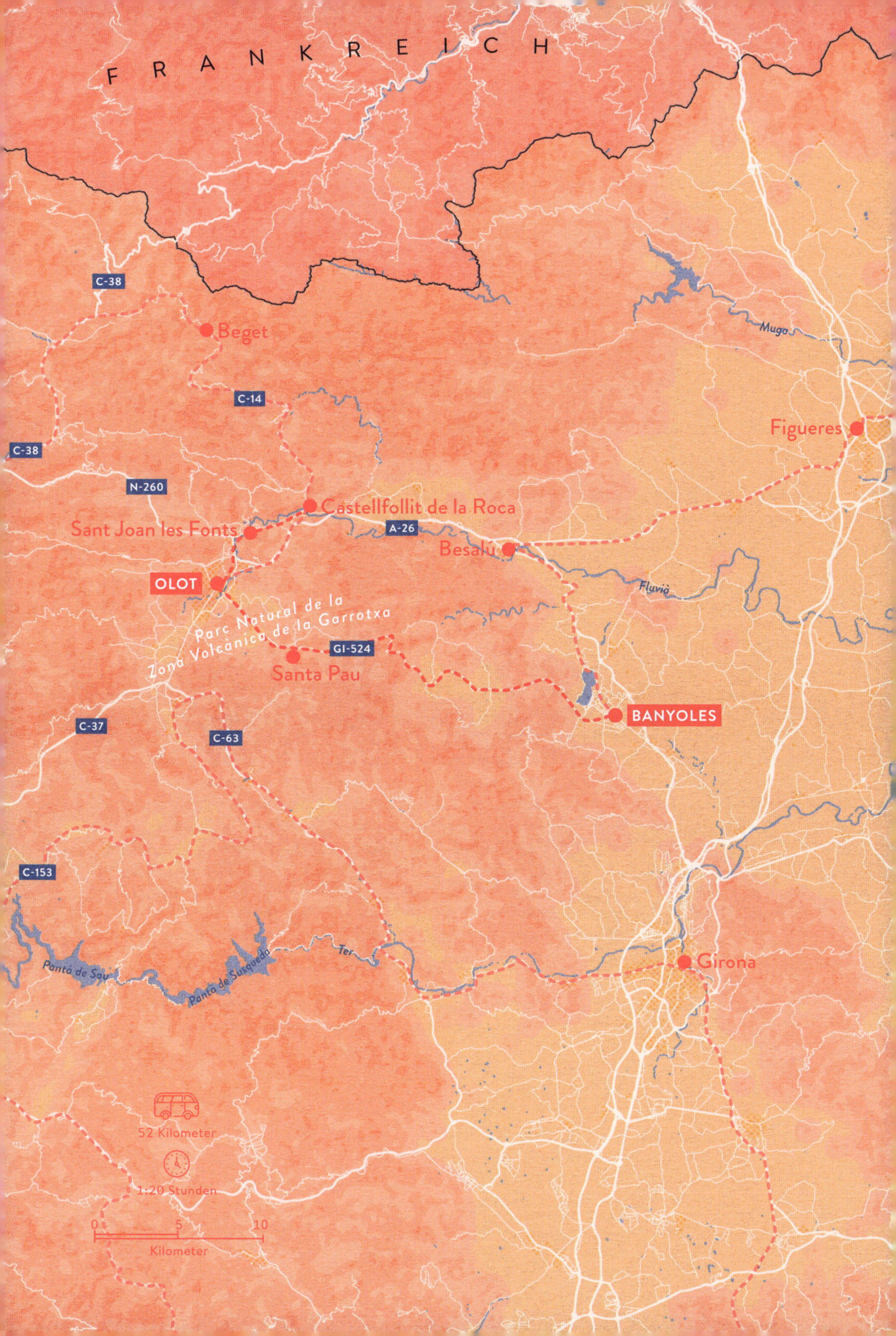
FRANKREICH
C-38
Beget
C-14
C-38
N-260
Castellfollit de la Roca
Sant Joan les Fonts
A-26
Besalú
OLOT
Fluvià
Parc Natural de la
Zona Volcànica de la Garrotxa
GI-524
Santa Pau
BANYOLES
Figueres
Muga
C-37
C-63
C-153
Pantà de Sau
Pantà de Susqueda
Ter
Girona
52 Kilometer
1:20 Stunden
0
5
10
Kilometer

OLOT

Im Keller des **Museu dels Sants d'Olot** befindet sich eine der letzten Werkstätten, die heute noch Heilige- und Marienstatuen produziert, wie sie früher zu Tausenden von Olot aus in alle Welt verkauft wurden.

Carrer Joaquim Vayreda, 9, 17800 Olot

Auf dem überdachten **Markt in Olot** kann man regionale Fleisch- und Wurstspezialitäten wie die traditionelle Botifarra medieval oder die im Topf gekochte Botifarra de perol kosten.

Plaça del Mercat, Carrer de l'Hospital, 3, 17800 Olot

Vor ein paar Jahren musste die McDonald's-Filiale in Olot schließen, weil die Einwohner den Imbiss boykottierten. Das auffällig bunte Gebäude des **b-crek** beherbergt wieder einen Schnellimbiss, aber jetzt wird hier nur mit frischen, ausgewählten Zutaten der Region gekocht. Statt Plastikverpackungen gibt es Teller und Besteck. Wasser wird in Glasflaschen mit recycelbarem Verschluss serviert und wer will, kann sich das Essen auch als Picknick einpacken und mitnehmen. Für die traditionellen **Patatas d'Olot** werden zwei Scheiben Kartoffeln mit Fleisch gefüllt und dann frittiert oder gebacken. Im b-crek gibt es eine vegetarische Version mit Ziegenkäse und karamellisierten Zwiebeln statt Fleisch zwischen den Kartoffelscheiben.

Carrer Madrid, 222, 17800 Olot, bcrek.com

In der Garrotxa liegen die Vulkane schlafend unter Sträuchern und Bäumen verborgen. Es ist eine Landschaft grüner Hügel, in der seit Jahrtausenden Gras über die feuerspeienden Berge wächst, die ihre Lava hier einst in den Himmel spukten. In der Altstadt Olots führt ein Weg auf einen dieser Vulkane, den Montsacopa. Ein Rundweg umkreist den ehemaligen Krater, in dessen Mitte heute saftiges Gras wächst. Zu Füßen des Montsacopa wurde 2022 der Espai Cràter eröffnet, ein nagelneues Museum, das mit interaktiven Touchscreens und Spielen die Welt der glühenden Lavaströme erklärt.

Espai Cràter, Carrer Roser, 17800 Olot, espaicrater.com

CASTELLFOLLIT

Eine süße Versuchung aus Castellfollit ist **Cal Tuset**. Die Magdalenas aus der traditionellen Bäckerei sind nicht nur sehr lecker, sondern könnten es optisch auf Instagram problemlos mit Cupcakes aufnehmen. Doch das haben die mit Schokolade, Nüssen, Rosinen oder Orangenmarmelade gefüllten Magdalenas gar nicht nötig.

Carretera Girona, 17, 17856 Castellfollit de la Roca

Eine Spezialität aus Castellfollit sind frische Kekse von **Cal Enric**, einer kleinen Keksfabrik, die den ganzen Ort manchmal in einen Duft von Vanille oder Schoko taucht. Sehr lecker!

Carretera de Girona, 6
17856 Castellfollit de la Roca, calenric.com

SANT JOAN DE LES FONTS

In Sant Joan de les Fonts verläuft gleich hinter der ungewöhnlich großen Kirche eine mittelalterliche Brücke über den Fluvià. Schon die Truppen Karl des Großen sollen auf einer Römerstraße hier entlanggekommen sein. Das Gotteshaus musste nach dem Spanischen Bürgerkrieg komplett neu errichtet werden. Das Besondere an Sant Joan de les Fonts ist jedoch die **Ruta de les tres colades de Lava**, eine nur fünf Kilometer kurze Strecke, bei der drei verschiedene Lavaschichten zu sehen sind. Die erste Schicht kann man gleich neben dem Wasserfall bei einer verfallenen Mühle erkennen.

Auf dem Parkplatz hinter der Kirche befindet sich ein **Stellplatz** für Camper.

Carrer Sant Pere 20, 17857 Sant Joan les Fonts

Vulkan Croscat

. Fahrt im Heissluftballon über die Vulkane

SANTA PAU

Natürlich kann man die Garrotxa nicht verlassen, ohne **Fesols de Santa Pau** gegessen zu haben. Fesols sind wesentlich kleiner und haben ein feinere Haut als die üblichen weißen Bohnen. Ihr besonderes Aroma verdanken sie der mineralhaltigen Vulkanerde. Manche Leute schwören, den Unterschied zwischen Fesols de Santa Pau und anderen Bohnen sofort zu schmecken. Da die Fesols eine geschützte Herkunftsbezeichnung tragen und nur auf bestimmten Feldern wachsen dürfen, gibt es jedes Jahr nur eine begrenzte Menge an Bohnen, die reißenden Absatz findet. Wenn alles verkauft ist, muss man nämlich bis zur Ernte im nächsten Jahr warten. Voller Stolz betont ein Restaurant also, wenn es echte Bohnen aus Santa Pau auf den Tisch bringen kann. Ende Januar wird in Santa Pau die Fira de Sant Antoni oder „Fira del Fesol" gefeiert .

fesolsdesantapau.cat

Am besten erschließt sich die Vulkanlandschaft der Garrotxa bei einer Fahrt mit dem **Heißluftballon**. Nach dem Abenteuer am Himmel gibt es ein deftiges Frühstück mit regionalen Leckereien.

Vol de Coloms, Crta. del volcà Croscat, 17811 Santa Pau
voldecoloms.cat

Vulkan Croscat

Die Produkte aus der Kooperative **La Fageda** schmecken köstlich und die Molkerei, die versteckt in einem kleinen Buchenwald liegt, ist ein Integrationsbetrieb. Hier bereiten Menschen mit unterschiedlichen Behinderungen leckeres Eis und Joghurt zu oder kochen köstliche Marmelade. Bei einer ganz besonderen Führung "petits grangers" dürfen Kinder auf dem Bauernhof mit anfassen und Kühe füttern.

Mas Els Casals, 17811 Santa Pau
fageda.com /visites-la-fageda

Zu Füßen des Vulkans befindet sich der große kostenpflichtige, aber bewachte **Parkplatz** Santa Margarida.

Am Eingang des kleinen Ortes gibt es linker Hand hinter der Touristeninformation einen kostenlosen, für Campervans zum Übernachten geeigneten, **Parkplatz**. Toiletten befinden sich in der Nähe.

17811 Santa Pau

Von Seeungeheuern und Säbelzahntigern

Im Pla de l'Estany gibt es neben dem beschaulichen See besonders für Kinder viele spannende Dinge zu sehen und alte Welten zu entdecken.

Mal leuchtet der Estany de Banyoles in strahlendem Blau, mal ist er grün oder sogar weiß. Ruderboote und Kajaks gleiten über das Wasser des ruhigen Sees. Auf Stegen nahe des Ufers liegen kleine Hütten und ehemalige Badehäuser, von denen aus die wohlhabenden Besucher Ende des 19. Jahrhunderts ein erfrischendes Bad nahmen. Laut einem katalanischen Kinderlied lebt in den Tiefen des beschaulichen Gewässers ein feuerspuckendes Seeungeheuer, das Monstre de Banyoles.

Tiefe Einblicke in die Geschichte geben die archäologischen Ausgrabungsstätten in der Nähe des Sees, denn der sumpfige Untergund hat viele Überreste längst vergangener Kulturen bewahrt.

In Besalú wartet hinter der spektakulären Brücke eine malerische Altstadt mit engen Gassen und einer spannenden Vergangenheit. Seine Blütezeit erlebte der kleine Ort im Mittelalter. Jüdische Gelehrte unterrichteten in einer bedeutenden Schule und der Handel florierte, bis im 15. Jahrhundert alle Menschen jüdischen Glaubens aus Besalú und aus ganz Spanien vertrieben wurden.

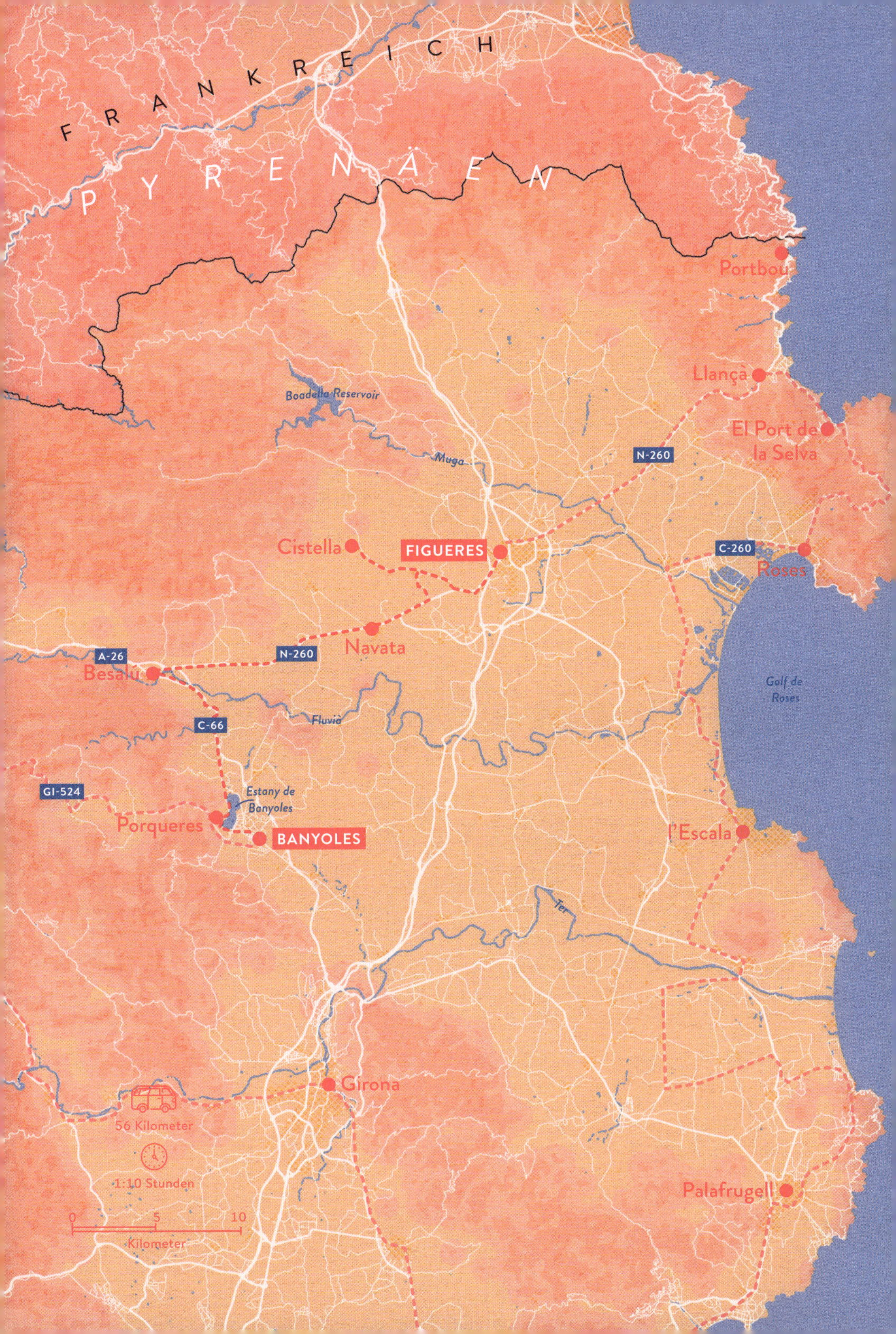

FRANKREICH
PYRENÄEN
Portbou
Llançà
El Port de la Selva
Boadella Reservoir
Muga
N-260
Cistella
FIGUERES
C-260
Roses
Navata
A-26
N-260
Besalú
Fluvià
Golf de Roses
C-66
GI-524
Estany de Banyoles
Porqueres
BANYOLES
l'Escala
Ter
Girona
56 Kilometer
1:10 Stunden
0
5
10
Kilometer
Palafrugell

Estany de Banyoles

BANYOLES

Das Schwimmen ist im **Estany de Banyoles** nur an bestimmten Abschnitten erlaubt, doch man kann den größten See Kataloniens prima mit dem Kajak oder per Ruderboot erkunden.

caiacinatura.com

In und um den beschaulichen Ort herum gibt es besonders für Kinder viel zu entdecken. Im **archäologischen Museum** von Banyoles kann man die Knochen von Elefanten, Nilpferden, Krokodilen oder den Schädel eines Säbelzahntigers bestaunen.

Plaça de la Font, 11, 17820 Banyoles, museusdebanyoles.cat

Die archäologische Ausgrabungsstätte **La Draga** liegt direkt am See. Hinter einem großen Parkplatz mit Picknickecke erheben sich originalgetreu nachgebaute Hütten der Steinzeit auf der grünen Wiese. Außer den Führungen werden für Kinder Aktivitäten wie Getreide mahlen, Feuer machen oder Bogenschießen organisiert. Anmeldungen und Infos vorab im archäologischen Museum.

Parc neolític de la Draga, 17820 Banyoles

Mit einem Tablet in der Hand geht es durch die Ruinen der alten römischen Villa. Die alten Wohnräume und der Innenhof der **Vil·la Romana de Vilauba** leben dank 3D-Visualisierung wieder auf. Eine tolle Idee, um Geschichte erlebbar zu machen. Der Besuch ist allerdings nur mit Guide möglich. Anmeldungen vorab im archäologischen Museum.

17820 Banyoles

Neben einem kleinen Kanal am Rand von Banyoles wird in einer alten Mühle Papier von Hand geschöpft. In den oberen Etagen trocknen wunderschöne weiße Blätter des hochwertigen Papiers im Wind. Lange bevor die Sastres Paperers einzogen, wurde in der **Molí de la Farga** Eisen geschmiedet. Die ehemalige Schmiede im unteren Gewölbe der Mühle steht heute leer. Nach vorheriger Anmeldung werden Aktivitäten für Kinder organisiert.

Carrer Concòrdia Aigües de l'Estany, 1, 17820 Banyoles
sastrespaperers.com

PORQUERES

Originell und überraschend anders ist das Freiluftmuseum **Bosc de Can Ginebreda**, ein Wald voller skurriler Skulpturen. Da geht es um politische und soziale Themen wie die Maginot-Linie, Tschernobyl oder Freiheit, aber vor allen Dingen geht es um Liebe und Tod und um nackte, runde Körperformen.

Carretera de Mieres, Kilometer 25.5, 17834 Porqueres

BESALÚ

Ein schmaler, unterirdischer Gang führt in ein kühles Gewölbe. Durch einen Spalt fällt etwas Licht und färbt das Wasser in dem kleinen Becken bläulich. Sieben Stufen führen hinab ins aigua viva, das Wasser der **Mikwe**, in das die jüdischen Frauen eintauchten, um ihren Geist zu reinigen. Die Oficina de Turisme organisiert geführte Besichtigungen.

Baixada de la Mikwe, 17850 Besalú

Der Camper **Stellplatz** Besalú hat einen Anschluss für Strom und Wasser im Tourismusbüro.

Carretera de Girona 4, 17850 Besalú

NAVATA

Kurz vor Figueres kann man in dem kleinen Dorf Navata noch einen Blick auf den Geburtsort der fabelhaften Riesen und anderer Sagengestalten werfen. In der Werkstatt **Ventura & Hosta** bauen Neus und David die riesigen Figuren aus Pappmaché. Vorher anmelden.

Carrer Ordis, 25, 17744 Navata, venturahosta.net

CISTELLA

Eines der kleinsten Weingüter des D.O. Empordà ist **Mas Vida**. Fast im Alleingang produziert Adriana auf ihrem Weinberg in den Garrotxes d'Empordà ökologische Weine und legt viel Wert darauf, dass die Landschaft auch durch den Wein erfahrbar ist. Damit es den Böden auch langfristig gut geht, betreibt sie ihr Weingut nach dem Prinzip der regenerativen Landwirtschaft. Außer Besichtigungen des Weinguts organisiert sie verschiedene Aktivitäten wie Kajak-Touren, Picknicks oder Konzerte.

Celler Mas Vida, 17741 Cistella, bodegasmasvida.com

Besalú

FIGUERES – BARCELONA

Wilde Küste und Hexenwälder

Auch wenn die Fischerdörfer längst nicht mehr verschlafen sind und Glanz und Glamour, den die Hollywoodstars einst an die Costa Brava brachten, heute der Vergangenheit angehören – die Buchten mit ihren eindrucksvollen Felsformationen, kleinen Stränden und dem strahlend blauen Meer verführen die Reisenden noch immer. Im Hinterland produzieren kleine Bauernhöfe Milch und Käse, in den Wäldern erzählen die Menschen alte Sagen und in den Bergen sprudelt das Wasser aus unterirdischen Quellen.

Figueres
Girona
l'Escala
Arbúcies
Tossa de Mar
Barcelona
0 10 20
Kilometer

Mondlandschaft und wilde Sümpfe

Figueres und Cadaqués prägten Salvador Dalís Werke. Sobald man die Felsenküste hinter sich lässt, erstrecken sich weiche Sandstrände und Sumpflandschaften in der Bucht von Roses.

Bizarre Formen ragen aus dem Felsenmeer am Cap de Creus. Kaum ein Künstler hätte sich so phantasievolle Skulpturen ausdenken können, wie sie die Natur hier in der Zeit, in der sie die Pyrenäen zu einem Gebirge faltete, hervorbrachte. Inmitten des Naturparks liegen kleine Dörfer wie Port de la Selva oder Cadaqués, das alte Kloster Sant Pere de Rodes und ein paar Weingüter. Wenn am Abend die Sonne untergeht, ist der schönste Platz oben am Leuchtturm des Kaps, zu dessen Füßen sich die felsigen Klippen ins Meer ergießen. Hinter dem Hafen von Roses zeigt sich in den Aiguamolls eine ganz andere Landschaft. Die Küste wird hier nicht von rauen Felsen dominiert, sondern zieht sich als sumpfig wilde Fläche bis vor die Ruinen der ersten griechischen Siedlung der Iberischen Halbinsel, Empúries. Die Ufer der Bucht von Roses sind von breiten Sandstränden gesäumt, die sich bis in das Fischerdorf l'Escala ziehen, dessen Einwohner sich im Laufe vieler Jahrhunderte zu Spezialisten im Pökeln und Einlegen von Anchovis entwickelten.

FRANKREICH
0
5
10
Kilometer
100 Kilometer
2:30 Stunden
In den Sommermonaten gelten auf der Straße zum Far del Cap Zugangsbeschränkungen, um Überfüllung zu vermeiden.
Portbou
Llançà
Boadella Reservoir
Garriguella
El Port de la Selva
Far del Cap
Cap de Creus
Cadaqués
N-260
Muga
FIGUERES
Castello d'Empúries
C-260
Roses
Navata
Aiguamolls
Golf de Roses
Sant Pere Pescador
Fluvià
C-31
L'ESCALA
Banyoles
E-15
Ter
C-31
COSTA BRAVA
Girona
Palafrugell

Dalí Museum Figueres

FIGUERES

Das **Dalí Museum** in Figueres ist leicht zu finden. Der auffällige Bau zeigt Werke und Projekte des egozentrischen Künstlers. Zum Dalí Dreieck gehören auch die Casa Dalí in Portlligat und das Schloss seiner Frau Gala in Púbol.

Plaça Gala i Salvador Dalí, 5, 17600 Figueres
salvador-dali.org

Das kleine Museu de l'Empordà zeigt wechselnde **Kunstausstellungen**. In den oberen Etagen sind Gemälde und Skulpturen katalanischer Künstler wie Eclosió (erblühende Liebe) von Miquel Blay zu sehen.

La Rambla, 2, 17600 Figueres
museuemporda.org

Ein niedliches, kleines **Café** mit Vollkornkeksen, veganen Burgern, Poke Bowls oder Müsli mit frischen Früchten ist das Urban Coffee Brunch.

Carrer Joan Maragall, 11, 17600 Figueres

Ähnlich gesund, mit veganen Optionen und Kombucha Tee, ist das größere Savage aufgestellt.

C/ Moreria 5, 17600 Figueres, savagebrunch.com

GARRIGUELLA

In dem kleinen Dörfchen Garriguella liegt ein kleines **Schildkröten-Schutzzentrum**. Hier werden die autochthonen Tortugues de l'Albera aufgezogen und verletzte Tiere gepflegt.

Santuari de la Mare de Déu del Camp, 17780 Garriguella

Einfache Weine und Olivenöl der Region kann man in der Cooperativa Agrícola de Garriguella kaufen. In dem kleinen **Restaurant** kannst du auch gleich ein paar Köstlichkeiten probieren.

Carr. de Roses, 17780 Garriguella

Leckere **Paella** und manchmal sogar kleine Konzerte findet man im Restaurant Turó de la Perdiu an der Straße nach Roses.

17780 Garriguella

EL PORT DE LA SELVA

Das **Kloster Sant Pere de Rodes** thront weit oben an einem Hang über der Küste. Von hier aus hatten die Mönche im Mittelalter zwar eine schöne Aussicht, waren aber auch leichte Beute für Piraten. Mehrmals überfielen sie das Kloster und raubten wertvolle Schätze.

Camí del Monestir, s/n, 17489 El Port de la Selva

Der Far de s'Arenella ist ein **Leuchtturm** kurz vor dem kleinen Fischerdorf Port de la Selva. Von dort hat man einen schönen Blick auf den Hafen und die Häuser, die sich an der Bucht entlangziehen.

CADAQUÉS – CAP DE CREUS

Guide-Tipp: Mercè stammt aus Cadaqués und ist im Naturpark des Cap de Creus zu Hause. Sie bietet nicht nur tolle Führungen für Kinder, sondern auch verschiedene Dalí Routen an. Mercè weiß alles über das Leben und Werk des Künstlers und kennt viele Anekdoten. Außer atemberaubenden Wanderungen durch die mondartige Landschaft, die schon den Surrealisten inspirierte, kann man mit ihr auch die besondere Flora des Naturparks kennenlernen.

rutescadaques.com/de

Im ehemaligen Wohnhaus Salvador Dalís in Portlligat befindet sich heute die **Casa Museu Dalí**. Allein schon der Olivengarten des Künstlers ist beeindruckend.

17488 Cadaqués, salvador-dali.org

Dort, wo die Felsen dieser unwirklichen Landschaft ins Meer stürzen, erhebt sich

Cadaqués

der **Far del Cap de Creus**. Wenige Meter neben dem Leuchtturm gibt es ein Restaurant, von dessen Terrasse du einen traumhaften Blick auf die Buchten des Naturparks hast. Die Zufahrt wird im Sommer beschränkt. Der Leuchtturm ist aber auch zu Fuß oder mit dem Rad erreichbar.

Paratge Cap de Creus, 17488 Cap de Creus

ROSES

Jeden Sommer gegen Ende Juni findet auf den Wiesen in der archäologischen Ausgrabungsstätte der **Ciutadella** das Musikfestival Sons del Mon, Töne der Welt, statt.

sonsdelmon.cat

Schöne **Wanderwege** führen im Hinterland von Roses durch das Cap de Creus.

CASTELLÓ D'EMPÚRIES

Dass das kleine Dorf im Mittelalter eine der bedeutendsten Städte des Empordà war, erkennt man noch heute an der Größe der Kirche. Die wohlhabenden Einwohner fanden, der Ort hätte eine Kathedrale verdient und fingen schon mal an zu bauen, doch die Ernennung zum Bischofssitz blieb aus – und die **Basilica de Santa Maria** blieb eine reich geschmückte Kirche.

Plaça Mossèn Cinto Verdaguer, 1
17486 Castelló d'Empúries

So wie im **Parc Natural dels Aiguamolls de l'Empordà** sah einst die gesamte Küste der Bucht von Roses aus. Heute erstreckt sich das sumpfige Land nur noch in einem geschützten Gebiet, in dem man viele Zugvögel und brütende Störche beobachten kann.

Wanderwege am Cap de Creus

Ein **Parkplatz** befindet sich an der Straße zwischen St. Pere Pescador und Castelló d'Empúries.

GIV-6216, Kilometer 4.2
17486 Castelló d'Empúries

In dem kleinen Museum für mittelalterliche Geschichte befinden sich die nachgebauten Zellen eines Gefängnisses aus dem 14. Jahrhundert.

Pl. de Jaume I
17486 Castelló d'Empúries

Terra de Trobadors ist ein mittelalterliches **Festival**, das jedes Jahr Anfang September mit Musik und vielen mittelalterlichen Kostümen an die Blütezeit der Troubadoure in Castelló d' Empúries erinnert.

terradetrobadors.com

Campingplatz la Ballena Alegre

SANT PERE PESCADOR

Mitten in der Bucht von Roses liegt die **Campinganlage** La Ballena Alegre. Außer breiten Sandstränden und großzügigen Stellplätzen für Wohnwagen und Campervans gibt es hier nachhaltige, mit Solarzellen ausgestattete Bungalows, die sogar über eigene Ladestationen für Elektroautos verfügen.

Carretera Sant Martí d'Empúries
17470 Sant Pere Pescador, ballena-alegre.com

L'ESCALA

In der Nähe des kleinen Hügels von Sant Marti d'Empúries liegt die Ruine der ersten griechischen Siedlung auf der Iberischen Halbinsel. Im Museum der **archäologischen Ausgrabungsstätte** wandelt man auf alten Straßen der Griechen und Römer, die sich ebenfalls hier niederließen, und genießt den Blick auf das Meer.

MAC Empúries, Puig i Cadafalch s/n, 17130 L'Escala
macempuries.cat

Katzen streifen im großen Hafen zwischen den Tauch- und Fischerbooten umher, um den einen oder anderen Fisch zu stibitzen. L'Escala ist einer der wenigen Küstenorte, in dem noch viele Menschen vom Fischfang leben. Die in Öl eingelegten Anchovis aus l'Escala sind nicht nur sehr lecker, sondern auch außerhalb Kataloniens berühmt. Neben dem kleinen Museu de l'Anxova i de la Sal kann auch eine der Fabriken besucht werden.

Av. Francesc Macià, 1, 17130 L'Escala
visitlescala.com/en/factories-anchovy

Einfache Küche für wenig Geld, wie sie auch die Locals essen, mit viel frischem Fisch und Meeresfrüchten findest du direkt im Hafen, da „wo die Fischer zu Hause sind", im Restaurant La Llar dels Pescadors.

Carrer Port de la Clota, 17130 L'Escala

Im **Reisehandbuch Costa Brava und Girona** findest Du noch mehr Tipps.

Im Hinterland der Costa Brava

Rund um den Montgrí erstrecken sich fruchtbare Landschaften. Mittelalterliche Dörfer und Jahrtausende alte Siedlungen der Iberer erzählen im Baix Empordà vom Leben längst vergangener Zeiten.

Schon von Weitem ist der kahle Montgrí leicht zu erkennen. Kein Baum ziert den grauen Berg, auf dem nur die Ruine einer alten Burg thront. Der in den Pyrenäen entsprungene Fluss Ter bildet in seiner Mündung ein breites Delta mit feinen Sandstränden. Von der Gola del Ter aus sind die Isles Medes gut zu sehen. Das kleine Archipel direkt vor der Küste von Estartit ist einer der schönsten Flecken, um die Flora und Fauna der Costa Brava unter Wasser zu erleben.

Zu Füßen des Montgrí erstrecken sich endlose Obstplantagen, Reisfelder und hübsche kleine Dörfer. In der katalanischen Keramikhauptstadt La Bisbal werden heute noch Tassen und Teller von Hand getöpfert und in der Nähe von Ullastret gilt es, eine versunkene Metropole der Iberer zu erforschen. Das kleine Museum der weitläufigen Ausgrabungsstätte lässt die iberische Kultur und ihre längst vergangene Welt wieder aufleben. Rund um Pals stehen im Frühjahr die Felder unter Wasser, denn hier wird seit vielen Jahrhunderten Reis angebaut. Aber auch Trauben gehören zu den traditionell angebauten Früchten des Empordà, denn hier entstehen köstliche Weine.

Zu den traumhaft schönen Buchten von Palafrugell und Begur führen alte Schmugglerwege, die Camíns de Ronda. Am Wegesrand finden sich manchmal Korkeichen, aus deren Rinde man in Palafrugell früher die Korken für katalanischen Cava und französischen Champagner herstellte.

Figueres
N-260
Aiguamolls
Golf de
Roses
Fluvià
C-31
Banyoles
L'ESCALA
E-15
COSTA BRAVA
Ter
Verges
C-31
L'Estartit
Isles
Medes
Púbol
Gola del Ter
Ullastret
Girona
Pals
La Bisbal d'Empordà
Begur
Palafrugell
Palamós
Sant Feliu de Guíxols
TOSSA DE MAR
138 Kilometer
2:50 Stunden
0
5
10
Kilometer

L'ESTARTIT – ISLES MEDES

Das kleine Archipel vor l'Estartit ist ein ausgewiesenes Meeresschutzgebiet, in dem das Fischen streng verboten ist. Wenn du an der Costa Brava tauchen willst, ist hier einer der schönsten Flecken, um die Flora und Fauna unter Wasser zu bestaunen.

TER UND GOLA DEL TER

Auf dem Ter kann man prima Kajak fahren. Dort, wo der Fluss ins Mittelmeer mündet, haben sich wunderschöne Sandstrände gebildet (Gola del Ter).

Parc del Ter, 17144 Colomers, kayakdelter.com/en

VERGES

Zu Ostern findet hier ein ganz besonderes Fest statt. Tagsüber marschieren römische Soldaten durch die Straßen, die Einwohner kleben mit Öl gefüllte Schneckenhäuser an ihre Hauswände und um Mitternacht tanzen Skelette die Dansa de la Mort.

verges.cat/la-processo/informacio

PÚBOL

In Púbol liegt das Schloss, das Salvador Dalí einst seiner geliebten Frau schenkte. Galas Rückzugsort ist längst nicht so voll wie das Museum in Portlligat. In dem kleinen Garten stehen die monströsen Elefanten mit Giraffenbeinen.

Castell Gala Dali, 17120 Púbol, salvador-dali.org

ULLASTRET

Das kleine Museum der weitläufigen Ausgrabungsstätte lässt die längst vergangene Kultur der Iberer in einem 3D-Film wiederaufleben.

Museu d'Arqueologia de Catalunya – Ullastret
c/ Afores s/n Puig de, 17114 Ullastret, macullastret.cat

LA BISBAL

In La Bisbal, der Keramikhauptstadt Kataloniens, kann man in einer der Töpfereien bei der Entstehung neuer Schalen und Teller zusehen oder vielleicht sogar eigene Tassen und Vasen töpfern, z. B. bei Annick Galimont.

Ceràmica Annick Galimont
C. de l'Aigüeta, 72, 17100 La Bisbal d'Empordà
annickgalimont.com

PALS

Außerhalb des mittelalterlichen Dorfkerns lohnt es sich, eine der alten Reismühlen zu besuchen oder in einem der Restaurants ein traditionelles Reisgericht zu probieren. Denn in Pals bauten die Einwohner schon ihren eigenen Reis an, lange bevor das Ebrodelta sich zum Hauptreisproduzenten Spaniens entwickelte.

Arròs Molí de Pals
Carretera C-31 von Pals nach Torroella, km 343,9
17256 Pals, arrosmolidepals.com

BEGUR

Die schönen Buchten dieses niedlichen Dorfes zogen auch Carmen Amaya, eine der berühmtesten Flamencotänzerinnen des letzten Jahrhunderts nach Begur.

Jedes Jahr im September kleiden sich die Einwohner Begurs ganz in Weiß. In den Straßen und auf den Plätzen erinnert das karibische Flair an die Zeit des vergangenen Jahrhunderts als viele Katalanen nach Übersee auswandern mussten. Die Wenigen, die mit viel Geld zurückkehrten und schöne Paläste in der Heimat errichteten, wurden „indians" genannt.

visitbegur.cat/en/fira-dindians-fair

PALAFRUGELL

Palafrugell besteht aus dem etwas im Hinterland gelegenen Hauptort und drei kleinen Ortsteilen direkt an der Küste: In Calella, Llafranc und Tamariu reihen sich traumhaft schöne Buchten und versteckte kleine Strände aneinander.

In Palafrugell wurde in der einstigen **Korkfabrik** ein kleines Museum untergebracht, das die althergebrachte Art der Korkverarbeitung zeigt und erklärt, welche bedeutende Rolle dieses fantastische Naturmaterial für die Region hatte. Direkt daneben liegt ein kleines Museum für zeitgenössische Kunst, die **Fundació Vila Casas**.

Museu del Suro, Carrer de Begur, 15, 17200 Palafrugell
museudelsuro.cat

Ende April gibt es bei dem **Festival Flors i Violes** lustige Umzüge mit viel Blumen und Musik.

florsivioles.cat

Direkt am Meer liegt der wunderschöne Botanische Garten **Cap Roig**, dem Kap der roten Felsen. Dort findet im Juli/August ein beliebtes Musikfestival mit internationalen Stars statt.

Jardins de Cap Roig
Carrer Camí del Rus, s/n, 17210 Calella de Palafrugell

Port Bo / Platja de les barques in Calella de Palafrugell

Bei der **Cantada d'Havaneres** erklingen am ersten Wochenende im Juli uralte Lieder, die von Liebe und Leid und vom Leben auf See erzählen. Die Buchten Calellas werden dann zu kleinen Bühnen und unzählige Boote lagern vor der Küste.

havanerescalella.cat

Im Winter kann man in Palafrugell eine besondere Spezialität kosten: **Garoines.** Zwischen Januar und März werden in den Restaurants oder bei einer Bootsfahrt Seeigel in allen erdenklichen Varianten angeboten.

telamarinera.es/?file=kop10.php

Ein nettes kleines Hotel mit Blick aufs Meer ist das **Hotel Casamar**. Der Camí de Ronda führt direkt vor der Tür des Hotels vorbei. Wenn möglich, solltest du auf keinen Fall Quims Sterneküche verpassen, denn der sympathische Koch wird regelmäßig mit einem Michelinstern ausgezeichnet.

Carrer del Nero, 3 17211 Llafranc

PALAMÓS

Zwischen Calella de Palafrugell und Palamós liegt eine kleine Hütte etwas versteckt im Wald. Die **Barraca d'en Dalí** sollte ursprünglich ein Atelier für den exzentrischen Künstler werden. Gemalt hat er hier wohl nicht, gefeiert allerdings schon.

Nahe der Platja de Castell

Am Nachmittag kehren die Fischer in den Hafen von Palamós zurück. In der Auktionshalle wird der frische Fang versteigert. Das **Museum im Espai de Peix** vermittelt einen einfühlsamen Einblick ins Leben der Fischer.

Port of Palamós, Moll Pesquer, 17230 Palamós
museudelapesca.org/en/visit.html

SANT FELIU DE GUÍXOLS

Außer dem mittelalterlichen Klosterkomplex ist das kanariengelbe Casino vermutlich das bekannteste Gebäude des kleinen Küstenorts.

Im Monestir de Sant Feliu de Guíxols sind heute das Museum der Stadtgeschichte, die Touristeninfo und die Kunstsammlung Carmen Thyssen-Bornemisza untergebracht. Nach der eisernen Pforte des Klosters wurde das jeden Sommer im Hafen stattfindene Musikfestival Portaferrada benannt.

Bergsteigerfeeling am Meer kommt auf, wenn man in der Cala del Moli auf der Via Ferrata klettert. Kletterguide Albert hat sich schon als Kind an diesen Felsen entlanggehangelt, als sein Vater hier den ersten Klettersteig anlegte. Fotos des Abenteuers sind im Preis inbegriffen.

aventuraexperience.com

Um die wilde Küste vom Meer aus zu sehen, lohnt sich eine Bootsfahrt. Mit einem Kajak gelangt man in kleine Buchten, die man zu Fuß oder mit dem Auto nicht erreicht.

bravamar.net

Ein niedliches kleines Hotel mit nur wenigen Zimmern ist das Hostal Chic, direkt gegenüber des kanariengelben Casinos.

Rambla del Portalet, 517220 Sant Feliu de Guíxols
hostalchic.com

Via Ferrata in Sant Feliu de Guíxols

TOSSA DE MAR – GIRONA

Bäder, Burgen und Botanik

Abseits der Strände finden sich in La Selva grüne Parks, botanische Gärten, Burgen und Thermalbäder. Die Altstadt Gironas entführt in andere Welten.

Eine der kurvenreichsten und schönsten Küstenstraßen der Costa Brava führt von Sant Feliu de Guíxols nach Tossa de Mar. Nur vom Wasser aus gelangt man in die kleinen versteckten Buchten, die zwischen den Felsen liegen. In Lloret und Blanes laden botanische Gärten und grüne Parks dazu ein, die letzten Klippen dieser wilden Küste zu genießen, ehe die Strände sanfter und breiter werden. Im Hinterland erwarten uns die Überreste mittelalterlicher Burgen und Thermalbäder wie das Vichy Catalan oder die römischen Bäder in Girona. In der malerischen Provinzhauptstadt sind die alten Gassen des jüdischen Viertels so gut erhalten, dass sich die Altstadt für einige Szenen von Game of Thrones in die Städte King's Landing und Bravoos verwandelte. Die lange Treppe vor der Kathedrale, die Banys Arabs, die alte Stadtmauer oder die Überreste der einstigen Mikwe machen es leicht, hier in vergangene Jahrhunderte abzutauchen. Besonders schön ist Girona im Frühjahr, wenn es zum Festival Temps de Flors sein Blumenkleid anlegt. Alle Straßen und Sehenswürdigkeiten werden dann eine ganze Woche lang mit bunten Blüten und kunstvollen Gestecken dekoriert. Verborgene Innenhöfe, versteckte Durchgänge und einige private Gebäude öffnen nur in dieser Zeit für wenige Tage ihre Türen.

E-15
C-31
Ter
C-63
GIRONA
N-141E
Palafrugell
AP-7
C-25
C-65
A-2
Santa Coloma
de Farners
Caldes de Malavella
Palamós
Sant Feliu de Guíxols
TOSSA DE MAR
Lloret de Mar
Blanes
Calella
95 Kilometer
2 Stunden
0
5
10
Kilometer

Tossa de Mar

TOSSA DE MAR

Wer gern mit dem Rad oder Motorrad unterwegs ist, für den ist die Küstenstraße von Sant Feliu de Guíxols nach Tossa de Mar ein Muss. In engen Kurven schlängelt sich die Strecke über 40 Kilometer am Meer entlang.

Oberhalb der **Vila Vella**, dem historischen Stadtkern Tossas, blickt Ava Gardner verträumt aufs Meer und erinnert an die Zeit, als einige Hollywoodstars diesen entlegenen Winkel Europas entdeckten. In der Altstadt liegt auch das kleine Museu Municipal, das archäologische Funde aus einer römischen Villa und die Gemäldesammlung Tossas zeigt.

Plaça Pintor Roig Soler, 1, 17320 Tossa de Mar

Ein kleines Museum im **Far de Tossa** erklärt, wie die Leuchtfeuer am Mittelmeer funktionieren.

Camí del Far, 17320 Tossa de Mar

Im **Restaurant Bahia** kannst du Cim i Tomba probieren, ein einfaches Eintopfgericht, vorwiegend bestehend aus Kartoffeln und Fisch, das die Fischer früher auch auf hoher See zubereiten konnten.

Passeig del Mar, 19, 17320 Tossa de Mar
restaurantbahiatossa.com

LLORET DE MAR

Wer aufmerksam hinsieht, findet in Lloret viele Geschichten aus der Zeit der letzten Jahrhundertwende, als Tausende Menschen wegen der Wirtschaftskrise auswanderten, um in Übersee ihr Glück zu versuchen. Viele gingen fort, doch nur wenige brachten es fern der Heimat tatsächlich zu Wohlstand. Diejenigen, die mit vollen Taschen nach Lloret zurückkehrten, nannte man Americanos. Die **Fira de los Americanos** erinnert an diese Zeit, in der die prachtvollen modernistischen Bauten entstanden. In Can Font ist heute ein Museum eingerichtet und in Can Garriga befindet sich das Museu del Mar, das einfühlsam auch die Geschichten der Auswanderer erzählt, die nicht so viel Glück hatten.

Passeig de Camprodon i Arrieta, 2, 17310 Lloret de Mar
lloretdemar.org/de/was-sie-in-lloret-de-mar-tun-konnen/lloret-de-mar-bei-tag/kultur

Die **Tirada a l'Art** ist eine traditionelle Fischfangmethode, die früher an der ganzen Costa Brava sehr verbreitet war. In Lloret lebt bei einem Fest diese althergebrachte Art des Fischens wieder auf. Ein Boot fährt raus und spannt ein Netz in weitem Bogen um den Strand. Dieses wird dann vom Strand aus an Land gezogen – alle packen mit an! Und hinterher isst man dort gemeinsam.

xinoxano.org/ca/activitats/tirada-a-lart

Auf dem **Turó Rodó** sieht man nicht nur die Ruinen der alten Iberersiedlung. In der Ausgrabungsstätte am Camí de Ronda, hinter dem Castell d'en Plaja, haben Archäologen eine Hütte originalgetreu nachgebaut, die sogar betreten werden kann.

Carrer Costa d'en Josep Macià, 17310 Lloret de Mar

Die **Jardins de Santa Clotilde** sind eine romantische Gartenanlage mit verträumt dreinblickenden Nixen und einem Blick auf die schönsten Strände von Lloret. Im Sommer findet hier das Musikfestival „Som de Mar" statt.

Passeig dels Jardins, 17310 Lloret de Mar
festivalsomdemar.com

BLANES

Exotisch und bunt ist der **Marimurtra** in Blanes. Carl Faust verliebte sich 1951 unsterblich in dieses Fleckchen Erde und legte einen botanischen Garten mit toller Aussicht auf die Küste an. In den Sommermonaten erklingen hier Les Nits de Marimurtra.

Jardí Botànic Marimurtra, Passeig de Carles Faust, 9
17300 Blanes, marimurtra.cat

CALDES DE MALAVELLA

Dass das warme Wasser in Caldes de Malavella nur so aus dem Boden sprudelt, haben schon die alten Römer gewusst. Doch außer den Ruinen der römischen Therme gibt es auch neuere Thermalbäder wie das Vichy Catalan, wo man nicht nur entspannen,

Botanischer Garten Marimurtra in Blanes

sondern auch mineralhaltiges Wasser aus der Quelle trinken kann.

Av. Dr. Furest, 32, Caldes de Malavella
hotelbalnearivichycatalan.cat/de

SANTA COLOMA DE FARNERS

Sobald wir die Küste hinter uns lassen, durchziehen viele mittelalterliche Burgen, wie das Castell de Farners aus dem 11. Jahrhundert, die immer bergiger werdende Landschaft.

17430 Santa Coloma de Farners

In Santa Coloma de Farners feiern sie im November zwar nicht das einzige, aber das älteste **Ratafia-Fest** Kataloniens. Das ganze Jahr über bietet Evarist von Naturalwalks Spaziergänge durch die Natur an, sammelt frische Zutaten für den traditionellen Likör im Wald und zeigt dir, wie die Landschaft in Flaschen gefüllt wird.

ratafia.cat/ (Video)
naturalwalks.com/en

GIRONA

Für Gironas Altstadt braucht man mehr als einen Tag Zeit: Man kann die Stufen zur **Kathedrale** hinaufschreiten, auf den alten Stadtmauern und durch die engen Gassen bummeln, zahlreiche Brücken überqueren und spannende Museen erkunden. Die Museen für Stadtgeschichte sowie das Kunst- und das Kinomuseum sind besonders empfehlenswert.
Hinter dem Museum für jüdische Geschichte, genau an der Stelle, an der sich einst die Synagoge der Stadt befand, schimmert heute wieder reines Wasser in einem unterirdischen Becken. Hier befand sich die letzte Mikwe Gironas. Für die Männer unsichtbar gingen Mädchen und Frauen durch die „Straße der Frauen“ zu diesem reinigenden Bad.

Museu d'Història dels Jueus Carrer de la Força
817004 Girona

Girona

Die **Banys Arabs** stammen aus dem 12. Jahrhundert. Hier badeten Menschen aller Religionen und Geschlechter, allerdings nicht gleichzeitig, sondern zu streng getrennten Zeiten. Es wurde geplaudert, Hochzeiten geplant und Geschäfte verhandelt.

Carrer del Rei Ferran el Catòlic, 17004 Girona
banysarabs.cat/en

Wie eine römische Therme mit Caldarium und Frigidarium angelegt, empfängt das Bad **Aqva Banys Romans** seine Gäste mit sanftem Kerzenlicht. Ein Ort der Ruhe und Entspannung.

Carrer del Riu Galligants, 517007 Girona
aqvabanysvells.com

Jedes Jahr im Mai schwimmt Girona in einem Meer aus bunten Blumen. **Temps de Flors** heißt das Fest, bei dem alle Straßen und Sehenswürdigkeiten der Altstadt kunstvoll mit farbenfrohen Blüten dekoriert werden. Manche Restaurants bieten sogar Menüs mit Blumen an! #Gastroflors

tempsdeflors.girona.cat

Menschentürme werden überall in Katalonien gebaut. Die **Marrecs de Salt** lassen sich in ihrer Übungshalle gern dabei über die Schulter schauen. Wer mutig ist, darf vielleicht sogar mitmachen.

17190 Salt – Girona, marrecs.cat

In den Ruinen der spätrömischen Festung von Sant Julià de Ramis befindet sich das **Dor Museum**. Neben zahlreichen Edelsteinen ist vor allem der Saal mit Skulpturen des Künstlers Subirachs, der die Figuren der Passionsfassade der Sagrada Familia entworfen hat, interessant. In einem unterirdischen Atelier arbeitet Quim Hereu, der hier überdimensionale Werke in seinem ungewöhnlichen "Estrambotisme"-Stil zeigt.

Fortalesa de Sant Julià de Ramis 17481
Sant Julià de Ramis – Girona, dormuseum.com

GIRONA – ARBÚCIES

In den Wäldern der Räuber und Hexen

Uralte Legenden sind in den Bergen und Wäldern bis heute lebendig. Die Natur lädt zum gesunden Landleben mit spektakulären Aussichten und zahlreichen Wanderrouten ein.

Atemberaubende Ausblicke auf die Hänge und Klippen prägen das Bild der Collsacabra. Im Westen erstreckt sich die Hochebene bis ins mittelalterliche Vic und endet im Süden in den Guilleries, die die Pyrenäen mit den der Küste vorgelagerten Kordilleren verbinden.

In den dunklen Wäldern der Guilleries und des Montseny waren früher Hexen, Räuber und Zauberwesen zu Hause. Bis heute erzählen sich die Leute Geschichten über geheimnisvolle Dones d'Aigua, verzauberte Wasserfrauen, die in Gorgs und Flüssen leben. Der Legende nach versteckte sich der Räuber Serrallonga, der von den Reichen nahm, um den Armen zu helfen, in diesen Wäldern. Und im Herbst, wenn die Kastanien von den Bäumen fallen, beginnen in Viladrau die Hexen ihren Tanz ums Feuer. Selbst in trockenen Sommern spenden die grünen Wälder Schatten, denn das Wasser sprudelt hier nur so aus dem Boden. Frisches Trinkwasser kann man sich an Quellen wie der Font Vella sogar selbst abfüllen.

Um den Blick auf die Naturlandschaft von ganz oben zu genießen, lohnt es sich wenigstens einen der vielen Gipfel zu besteigen. Mit seinen vielen kleinen Bauernhäusern lädt der Naturpark Montseny zum Landleben mit Hühnern und Eseln, zum Wandern und zu Kräuterspaziergängen ein.

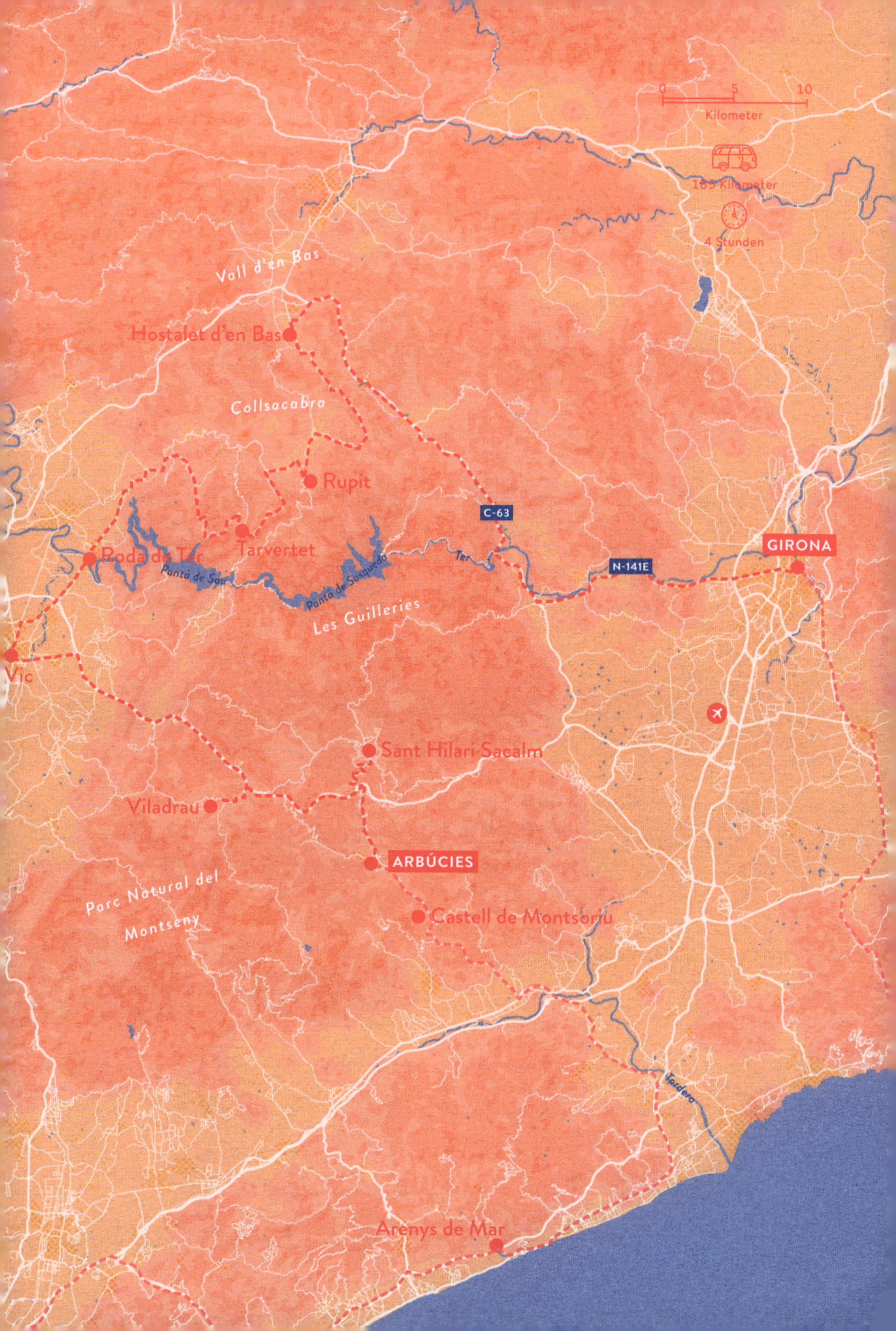
0
5
10
Kilometer
185 Kilometer
4 Stunden
Vall d'en Bas
Hostalet d'en Bas
Collsacabra
Rupit
Tarvertet
Roda de Ter
Vic
Panta de Sau
Panta de Susqueda
Ter
C-63
N-141E
GIRONA
Les Guilleries
Sant Hilari Sacalm
Viladrau
ARBÚCIES
Parc Natural del
Montseny
Castell de Montsoriu
Tordera
Arenys de Mar

LA VALL D'EN BAS

Wanderungen wie die Ruta de les Ermites führen zu kleinen Kapellen wie Sant Martí del Corb. Für die Strecke von 9 Kilometer kann man 3 bis 4 Stunden rechnen.

Zum Übernachten eignet sich **Camping** les Preses prima.

Càmping les Preses Natura, Sector La Boada
17178 Les Preses, campingnatura.cat

Inmitten der beeindruckenden Schluchten, Höhlen und Kletterfelsen gibt es viele kleine Gorgs, wie das **Gorg del Moli**, zu denen man wandern und in denen man auch baden kann.

RUPIT

Der schönste Zugang in das Dorf Rupit führt über eine Hängebrücke. An den Jahreszahlen und Symbolen ist schnell zu erkennen, dass die steinernen Häuser schon viele Hundert Jahre alt sind. Vorbei an der kleinen Kirche Sant Miquel geht es zur Carrer del Fossar, einer Gasse, die wie aus dem Felsen herausgeschlagen scheint.

Unweit von Rupit stürzt am Salt de Sallent das Wasser in die Tiefe. Der **Wasserfall** ist mit seinen 115 Metern der höchste in ganz Katalonien. In den trockenen Sommermonaten kann es allerdings vorkommen, dass statt brausender Wassermassen nur ein dünnes Rinnsal den Abhang hinabfließt. Den besten Ausblick hat man vom Mirador del Salt de Sallent.

Ein toller Aussichtspunkt ist der **Mirador dels Bassis**. Von hier kannst du weit in die Guilleries und den Montseny sehen. Die Felsnadel l'Agullola, die wie ein dicker Finger von der Felswand der Collsacabra absteht, ist ein beliebter Kletterspot.

TAVERTET

Auf über 1000 Meter Höhe liegt das kleine Dorf Tavertet, das nur aus rund 50 Häusern und einer Kirche besteht. Vom **Mirador de Tavertet** hat man einen beeindruckenden Blick auf die Landschaft. Durch seine Lage an der Abbruchkante eines Felsmassivs reicht der Blick bis auf den Stausee von Sau und an die Wälder des Montseny.

Die spektakuläre Aussicht vom Morro de l'Abella bitte mit Vorsicht genießen. Der Zugang ist nur mit eingeschränkter Besucherzahl und nur am Wochenende erlaubt.

Am Ufer des **Pantà de Sau** schaut an besonders trockenen Tagen noch der Turm der Kirche aus dem Wasser heraus. Das Dorf Sau wurde in den 50er Jahren geflutet, als die spanische Regierung unter Franco entschied, hier einen Stausee anzulegen.

Kirchtum im Pantà de Sau

RODA DE TER

Eine Brücke führt über den Fluss in das alte Zentrum der ehemaligen Industriestadt Roda de Ter. Dort, wo der mäandernde Ter eine kleine Halbinsel bildet, befinden sich heute das Museum und die archäologische Ausgrabungsstätte der iberischen Siedlung L'Esquerda.

Avinguda Pere Baurier, 08510 Roda de Ter

VIC

Fröhlich bunt reihen sich die alten Bürgerhäuser um den Marktplatz im Herzen von Vic. Der Boden des Platzes wurde nie zubetoniert und ist bis heute aus Sand. Dienstag und Samstag findet auf der zentralen Plaça ein großer Wochenmarkt statt.

Das Besondere an der Kathedrale von Vic sind die Malereien des katalanischen Künstlers Josep Maria Sert. Während des Spanischen Bürgerkriegs wurden die ersten Wandbilder bei einem Brand des Gotteshauses zerstört. Doch Sert fertigte neue Wandbilder an. Die ausschließlich in Sepiatönen gehaltenen Szenen sind geprägt von kraftvollen Figuren, gezeichnet vom Leid und Schmerz des Bürgerkriegs und des Zweiten Weltkriegs.

Das moderne Museu Episcopal wurde so gebaut, dass die romanischen Kunstschätze, die es beherbergt, perfekt zur Geltung kommen. Die Kreuzabnahme von Erill de Vall, die Madonnen und Altarbilder sind einzigartige Werke früher mittelalterlicher Kunst.

Plaça del Bisbe Oliba, 3, 08500 Vic
museuepiscopalvic.com

Neben dem alten römischen Tempel zeigt die Ausstellung Vicpuntzero mit einem 3D-Film, wie sich die Stadt im Laufe der Jahrhunderte entwickelte. Hier kann man die Stadtgeschichte anschaulich miterleben und oben vom Glockenturm des ehemaligen Gotteshauses auf Vic hinabblicken.

vicpuntzero.cat

Guide-Tipp: Xavier ist nicht nur Guide, sondern auch Moderator einer eigenen Fernsehsendung, in der er Vic von oben zeigt. Er liebt seine Stadt und bekommt heute noch Herzklopfen, wenn er die Geschichte der Altarbilder im Museum erzählt.

forumvicus.cat

Vic ist die Hauptstadt der Embotits. Bereits im späten Mittelalter spielte die Schweinezucht in der Gegend von Vic eine wichtige Rolle. Dies führte zu einer großen Bandbreite an Würsten, die dort produziert wurden. Die Küche Vics ist rustikal und bekannt für Wurst, Wild und Trüffel. Angeblich

Parc Natural del Montseny

wurde die Llonganissa, eine traditionelle Hartwurst, dünner und härter als eine Salami, hier erfunden.

osonacuina.com

SANT HILARI SACALM

Sant Hilari Sacalm ist das Herz der Guilleries, eines bewaldeten Gebirgszuges nahe dem Montseny. Seine Blüte erlebte das Dorf zu Beginn des 20. Jahrhunderts, als die Menschen in die wasserreichen Wälder strömten, um mittels medizinischer Trinkkuren unterschiedlichste Gebrechen zu lindern. Den unzähligen Quellen, die hier aus dem Boden sprudeln, wurden dabei ganz bestimmte, heilende Eigenschaften zugeschrieben. An der **Font Vella** kann man sich selbst frisches Trinkwasser abfüllen, während das Wasser der Font Picant nicht wirklich lecker ist. Dort lauscht man lieber den alten Geschichten über das heute leer stehende Thermalhotel.

Im September feiert das Dorf Sant Hilari Sacalm ein **Fest** zur Rückkehr des Räubers Serrallonga. Die Verbundenheit der Einheimischen mit dem katalanischen Robin Hood wird auch bei geführten Spaziergängen erzählt. Wanderer können auf einer insgesamt 55 Kilometer langen Strecke den Spuren des Räubers folgen. Die Ruta de Serrallonga führt von Santa Coloma de Farners bis nach Sau, vorbei an den Orten, an denen der Räuber im Hinterhalt lag, sich versteckt hielt und an denen er verraten und gefangen genommen wurde. Die rot-weiß markierte Wanderstrecke GR 178 ist anspruchsvoll!

lesguillerieskm0.cat/wp-content/uploads/2019/03/Ruta-Serrallonga.pdf

santhilari.cat/agenda/ruta-llegendes-3/?lang=en

Hinter einem überdimensionalen Drehkreisel liegt ein großer Parkplatz für Campervans.

Area autocaravanes Sant Hilari Sacalm
Ctra. de la Font Picant, 33, 17403 Sant Hilari Sacalm

PARC NATURAL DEL MONTSENY

Zwei der Gipfel des Montseny liegen auf immerhin 1705 Meter Höhe, wobei die Besteigung des **Turó de l'Home** wesentlich einfacher und weniger steil ist als des Les Agudes. Auf der anderen Seite des Massivs führt von Brull ein Wanderweg auf den dritten und leichtesten Gipfel des Montseny, den Matagalls. Bei einer Wanderung findest du alte Kastanienbäume, ehemalige Köhlerhütten, wilde Orchideen und frische Walderdbeeren. Laubbäume wechseln sich mit Nadelbäumen ab, die Farben und Pflanzen ändern sich, je höher du steigst. Immer gibt es irgendwo ein Bächlein oder einen kleinen Wasserfall, der vor sich dahinplätschert.

VILADRAU

Im **Espai Montseny** erzählen Filme die Legenden der Wasserfrauen, der Dones d'aigua, und des Räubers Serrallonga.

Carrer Migdia, 1, 17406 Viladrau

Am 31. Oktober feiert ganz Katalonien die Castanyada. Einen Tag lang dreht sich alles um die braunen Esskastanien, die dann überall auf den Straßen frisch geröstet verkauft werden. In Viladrau ist dieser Tag aber auch der **Hexentanztag**. Beim Ball de Bruixes erinnert das Dorf an das Schicksal der Kräuterfrauen, die von der Inquisition verfolgt wurden, obwohl sie mit ihren Heilmitteln den Menschen geholfen hatten.

ARBÚCIES

In einem alten Bauernhof mitten im Montseny haben Jaume und Noemi liebevolle **Gästezimmer** eingerichtet. Während Jaume Hühner und Esel füttert, kocht Noemi mit regionalen Produkten der Saison ein leckeres Abendessen. Definitiv ein Tipp für mehr als nur eine Nacht.

masvilar.cat

Naturalwalks

Guide-Tipp: Evarist ist Botaniker und sammelt überall in den Wäldern und Bergen Kräuter und Pflanzen, die in hochdekorierten Sternerestaurants auf den Tisch kommen. Katalanische Spitzenköche warten gespannt darauf, was der passionierte Pflanzenkenner entdeckt. Evarist ist der beste Guide, um Kräuter und Pflanzen zu erkennen und zu probieren. Mit seinen Naturalwalks wird die Wanderung durch den Montseny zu einem kulinarischen Abenteuer.

naturalwalks.com

Auf einem kleinen Hügel erheben sich die Überreste des **Castell de Montsoriu**. Die mächtige Burg war der Sitz der Familie Cabrera, die im Mittelalter weite Teile Kataloniens beherrschte. Die Burg ist nur zu Fuß oder mit dem Rad zu erreichen. Das Auto muss unten an der Straße stehen bleiben.

Parkplatz an der Carretera de Fogueres de Montsoriu
montsoriu.cat

ARBÚCIES – BARCELONA

Eine Bahnfahrt mit Blick aufs Meer

In der Comarca Maresme fuhr einst die allererste Linie der spanischen Eisenbahn. Bis heute fahren die Züge hier mit Blick aufs Meer an der Küste entlang.

Aus den Bergen geht es wieder hinab an die Küste. Während der Fahrt mit dem Auto oder der Bahn haben Reisende im Maresme fast immer das Meer im Blick. Als zu Beginn des letzten Jahrhunderts die Bahnlinie von Barcelona nach Mataró gebaut wurde, dachte noch niemand daran, sich zur Erholung stundenlang in den Sand zu legen. Die Eisenbahnstrecke verläuft am Ufer, weil die meisten Industriebetriebe damals direkt am Meer lagen.
Im Sommer erholen sich die Menschen aus Barcelona an den leicht erreichbaren Stränden des Maresme. Fischerboote gibt es in Mataró zwar keine mehr, dafür aber jede Menge Segelboote, Kajaks und alles, womit man auf und unter dem Wasser Spaß haben kann. An das Leben der Leuchtturmwärter erinnert eine Ausstellung im Far de Calella. Neben Strand und Meer kann sich das Maresme mit einigen modernistischen Gebäuden schmücken, die zu Beginn des letzten Jahrhunderts von den großen Jugendstil-Architekten Barcelonas entworfen wurden.
Eine echte Überraschung wartet kurz vor den Toren Barcelonas. Dort liegt eines der kleinsten und ältesten Weinanbaugebiete Kataloniens. Auf den Böden der D.O. Alella bauten schon die Römer, die im nahegelegenen Baetulo lebten, ihre Weine an.

Vic
ARBÚCIES
Parc Natural del Montseny
Cardedeu
Calella
Sant Pol de Mar
Arenys de Mar
Vallromanes
Mataró
Santa Maria de Martorelles
Cabrera de Mar
Alella
Badalona
BARCELONA
170 Kilometer
4 Stunden
0
5
10
Kilometer

CALELLA

Auch wenn die großen Frachter längst per GPS navigieren, braucht man noch Leuchttürme. Kleine Fischerboote oder Yachten, die keine moderne Technik an Bord haben, orientieren sich im Nebel an dem Leuchtfeuer auf dem Hügel vor Calella, um sicher zurück in den Hafen geleitet zu werden. Leuchtturmwärter gibt es allerdings nicht mehr. Im Far de Calella ist ein Museum eingerichtet, das nicht nur die Technik erklärt, sondern auch an die Arbeit der Leuchtturmwärter erinnert.

Carretera Nacional II Km. 666, 08370 Calella
Das bei jungen Abiturienten beliebte Calella im Maresme nicht mit der Bucht Calella de Palafrugell verwechseln.

Leuchtturm Calella

SANT POL DE MAR

Das sauberste Wasser und die beliebtesten Strände des Maresme soll es in Sant Pol de Mar geben, behaupten die Einheimischen. Wem es am Strand Les Escaletes zu heiß wird, findet gleich hinter den Gleisen ein schattiges Plätzchen im Parc Litoral. Unweit der Platja de la Murtra erinnern die Überreste der Bunker an den Spanischen Bürgerkrieg.

ARENYS DE MAR

Salvador Espriu, ein Heimatdichter, verwandelte den kleinen Ort am Meer in seinen Werken in eine mystische Welt, in der er feinsinnig die Psychologie seiner Mitmenschen ergründete. Sein Werk ist eine Mischung aus den Geschichten, die die Leute ihm erzählten, seinen eigenen Erinnerungen und ein bisschen Fiktion. Um der Zensur zu entgehen, taufte er das Dorf in seinen Werken Sinera, ein Anagram von Arenys. Auf dem modernistischen Friedhof, hinter traurig schönen Engeln und Zypressen, befindet sich sein unscheinbares Grab.

MATARÓ

Obwohl Mataró weder malerisch noch pittoresk ist, hat es einen eigenwilligen, industriellen Charme und auch hier gibt es spannende Dinge zu sehen.
Modernistische Bauwerke wie die Casa Coll i Regàs kann man ganz ohne Warteschlangen besichtigen, denn Mataró ist die Geburtsstadt des Jugendstil-Architekten Puig i Cadafalch, der in seiner Version des Modernisme mozarabische mit nordeuropäischen Einflüssen verschmelzen lässt.

Carrer d'Argentona, 55, 08301 Mataró, casacolliregas.cat

Ungewöhnlich ist auch die winzige Markthalle el Rengle. Ebenfalls von Puig i

Casa Coll i Regàs Matar

Cadafalch entworfen, erinnert das Herz des bunten Markttreibens an einen mit Kacheln verzierten Eisenbahnwaggon.

Plaça Gran, 08301 Mataró

Ebenfalls von Puig i Cadafalch ist La Confianza, ein **Süßwarenladen** aus dem letzten Jahrhundert.

Botiga Can Pinós, Carrer Sant Cristòfor, 10, 08301 Mataró

Antoni Gaudí hat fast alle seine Werke für reiche Industrielle entworfen. Seine Entwürfe waren kostspielig und extravagant und er hatte wohlhabende Sponsoren. Ganz am Anfang seiner Karriere hat jedoch die Textilgewerkschaft Matarós ein Gebäude bei ihm in Auftrag gegeben. Später kam so etwas nie wieder vor. Die **Nau Gaudí** wurde originalgetreu wiederaufgebaut.

Cooperativa Obrera Mataronense
Carrer de la Cooperativa, 47, 08301 Mataró

Mitten in einem ruhigen Wohnviertel Matarós liegen die Überreste einer römischen Villa verborgen. Führungen durch die **Ausgrabungstätte Torre Llauder** gibt es jeden Samstag.

Av. de Lluís Companys, 08302 Mataró
visitmuseum.gencat.cat/es/museu-de-mataro-can-serra/extension/museu-de-mataro-clos-arqueologic-torre-llauder

CABRERA DE MAR

Gleich neben Mataró erhebt sich ein kleiner Hügel mit den Überresten einer mittelalterlichen Burg, dem **Castell Burriac**. Nach einem kurzen Spazierweg zur Burg schweift der Blick von hier über das Meer bis nach Barcelona.

CARDEDEU

Einmal im Monat organisiert das Museum eine **Führung** zu den modernistischen Bauten des Dorfes.

museudecardedeu.cat

Im Cal Peó, einem der hübschen Jugendstilgebäude Cardedeus, brauen Raquel, Joel und Roger seit einigen Jahren ihr eigenes Bier. Getauft haben sie es nach dem legendären Drachentöter Sant Jordi. Den ersten Preis haben sie für das Alè de Drac (Der Atem des Drachens) gewonnen, seither erhalten sie jedes Jahr mindestens eine Auszeichnung für ihre Bierkreationen. In dem kleinen Restaurant der **Mikrobrauerei** kann man außer Bier auch regionale Küche kosten.

cervesasantjordi.cat

Gleich neben der Cerveseria hat Laura vor einem Jahr das kleine, liebevoll modernistisch eingerichtete **B&B Cal Peó** eröffnet.

calpeo.com/en

ALELLA

Ein wunderschönes kleines **Hotel** nahe der Weingüter von Alella ist das EcoResort Mas Salagros. Die Küche ist 100% ökologisch, vieles kommt direkt aus dem eigenem Garten. Außer Radtouren, Yoga, Massagen und Aromatherapien gibt es sogar Kurse, um Naturkosmetik selbst herzustellen.

Riera de Vallromanes, s/n, 08188 Vallromanes
massalagros.com

Die D.O. Alella ist mit gerade mal 600 Hektar Fläche nicht nur das kleinste, sondern auch eines der ältesten Weinanbaugebiete Kataloniens. Schon der Römer Plinius erwähnt in seinen Schriften die hier angebauten Weine als vins laetanis. Zu den sieben **Weingütern** der D.O. gehören kleine Weingüter wie Alta Alella oder Celler Can Roda, die verschiedene Aktivitäten wie Besichtigungen, Picknicks oder Konzerte organisieren.

Alta Alella, Camí Baix de Tiana, 08328 Alella
altaalella.wine

Can Roda, 08106 Santa Maria de Martorelles
Anfahrt über die Hauptstraße BV-5006
08106 Santa Maria de Martorelles
cellercanroda.cat

BADALONA

In der Siedlung Baetulo lebten die Römer, die als erste Wein in der Gegend von Alella anbauten. In dem beeindruckenden **Museum** Badalonas kann man unter der Erde durch die Überreste der römischen Siedlung wandeln.

D. Pl. Assamblea de Catalunya, 1, 08911 Badalona
museudebadalona.cat

An dem ehemaligen Schiffsanleger, dem **Pont del Petroli**, erinnert ein Affe an die Blütezeit des Anís del Mono, den man in allen Bars und Cafés der Stadt trinken kann.

Der **Anislikör** wird seit vielen Jahrzehnten in der modernistischen Fabrik hier am Ufer hergestellt. Führungen durch die schönen alten Hallen werden vom Museu Badalona organisiert.

Pont de Petroli, 08911 Badalona

In Barcelona trinkt man gern einen Schuss Anís im Kaffee. Wenn du das auch probieren willst, brauchst du nur einen „cigaló d'anis" (oder „carajillo d'anis") zu bestellen.

Anis de Mono, Badalor

INDEX

AUCH SEHR GUT

Europa mit dem Zug entdecken

Dieses Reisehandbuch zeigt euch die schönsten Zugfahrten und Streckennetze von 43 Ländern in Europa und wie ihr von Deutschland, Österreich und der Schweiz dorthin gelangt. Bahnprofis – vom Lokführer bis zur Zugbloggerin – verraten ihre Lieblingsstrecken und geben unbezahlbare Geheimtipps.

ISBN 978-3-96348-016-4

Geheimtipps für die wilde Küste

Atemberaubende Küstenlandschaft, abgelegene Buchten, weite Ebenen im Hinterland gepaart mit den Ausläufern der Pyrenäen, kleine mittelalterliche Dörfer und kulturreiche Städte laden das ganze Jahr über zum Urlaub machen ein.

ISBN 978-3-96348-005-8

Noch mehr schöne Bücher:
reisedepeschen.de

Bildverzeichnis Alle Fotos von Nicole Biarnés, außer: S. 2: Fikri Rasyid; S. 13, S. 32: Carles Rabada; S. 21: Amat Martinez Vila; S. 28: Martijn Vonk; S. 37: Logan Armstrong; S. 38: Emrecan Arik; S. 43: David Russeler; S. 50: Roy Tack; S. 53, S. 69: Jordi Badia_Arxiu Colla Vella; S. 173, S. 180: Manuel Torres Garcia; S. 71: Melanie Picazo; S. 82, S. 83: Santiago Lacarta; S. 128: Angela Llop; S. 154: Rossend Gri; S. 155: Error420; S. 160 Sergey Mind; S. 161: Guzman Barquin; S. 172: Aleix Ventayol; S. 174: Mathias P. R. Reding; S. 184: Tamara Leroy; S. 188: Alex Williams.

Originalausgabe
Erste Auflage, Berlin, Juni 2022

reisedepeschen.de

Reisedepeschen ist ein klimaneutraler Verlag:
climatepartner.com/15175-2010-1001

ISBN 978-3-96348-022-5

Gestaltung und Herstellung sowie die Karten und Illustrationen lagen in den Händen von Johannes Klaus. Die Umschlagillustration fertigte Henry Rivers (travelposter.co) in enger Zusammenarbeit mit dem Verlag an. Jennifer McCann übernahm das Lektorat wie auch das Korrektorat. Das Buch wurde in der Brandon Grotesque und der Brandon Text von Hannes von Döhren gesetzt. Druck und Bindung nahm DZS Grafik in Ljubljana vor. Gedruckt wurde auf Munken Polar Rough und GalerieArt Natural, hergestellt aus chlorfrei gebleichtem Zellstoff aus nachhaltiger Waldwirtschaft. Das Buch wurde klimaneutral produziert.

Unterstützt vom Catalan Tourist Board.

Die Deutsche Nationalbibliothek verzeichnet diese Publikation in der Deutschen Nationalbibliografie; detaillierte bibliografische Daten sind im Internet über http://dnb.dnb.de abrufbar.

Dieses Handbuch wurde von uns mit viel Liebe und großer Sorgfalt erstellt. Zum Glück dreht sich die Welt unbeeindruckt weiter und manches ändert sich schneller, als wir es anpassen können. Deshalb übernehmen die Herausgeber, die Autoren und der Verlag für die Richtigkeit von Angaben, Hinweisen und Karten sowie für eventuelle Druckfehler keine Haftung.

Du kannst Teil dieses Buches sein: Schick uns deine Hinweise, Geheimtipps und Verbesserungsvorschläge, erkläre uns, was so nicht mehr stimmt, und was unbedingt in die nächste Auflage sollte. Wir freuen uns auf deine Nachricht an hinweis@reisedepeschen.de.